国家自然科学基金项目（70972058，71272092，71431002）资助

信息安全遵从行为的正式控制机制

王小龙 著

企业管理出版社
ENTERPRISE MANAGEMENT PUBLISHING HOUSE

图书在版编目（CIP）数据

信息安全遵从行为的正式控制机制 / 王小龙著. —北京：企业管理出版社，2020.9

ISBN 978-7-5164-2207-6

Ⅰ.①信… Ⅱ.①王… Ⅲ.①企业管理-信息安全-研究 Ⅳ.①F272.7

中国版本图书馆CIP数据核字（2020）第166162号

书　　名：	信息安全遵从行为的正式控制机制
作　　者：	王小龙
责任编辑：	寇俊玲　宋可力
书　　号：	ISBN 978-7-5164-2207-6
出版发行：	企业管理出版社
地　　址：	北京市海淀区紫竹院南路17号　　邮编：100048
网　　址：	http://www.emph.cn
电　　话：	编辑部（010）68701638　发行部（010）68701816
电子信箱：	qyglcbs@emph.cn
印　　刷：	北京七彩京通数码快印有限公司
经　　销：	新华书店
规　　格：	170毫米×240毫米　16开本　10印张　150千字
版　　次：	2020年9月第1版　2020年9月第1次印刷
定　　价：	58.00元

版权所有　翻印必究　·　印装有误　负责调换

谨以此书献给至爱的家人和所有帮助过我的人！

前 言

信息安全遵从行为是指组织内部雇员在执行信息安全制度过程中的具体遵守行动。组织内部雇员不遵从信息安全制度的行为导致众多信息安全事件，甚至仅仅一个雇员就足以给其组织的资产、声誉与竞争力等带来灾难性的危害。现有的关于信息安全遵从行为的研究工作大多采用实证方法，主要论证逻辑前置因素对此类行为意图的影响。而本书主要采用基于博弈论等理论建立模型的方法，以及数值模拟的方法来研究信息安全遵从行为的正式控制机制，即信息安全遵从行为的激励机制和评估机制，以期深入理解并科学管理信息安全遵从行为。主要研究内容的概括归纳如下所述。

假设可以低成本地观测到信息安全遵从行为的产出结果，本书设计并论证了如下三种激励机制：

1）基于存在道德风险的委托人—代理人理论构建了信息安全遵从博弈模型，重点分析并论证了惩罚的确定性与适度性对雇员个体的信息安全遵从行为的激励作用。

2）设计了一份同时包含心理收入与货币奖励的最优契约，用以激励雇员个体选择雇主所期望的信息安全遵从努力水平。

3）在同期内承担着信息安全遵从和本职工作两项任务的雇员个体可能会表现出信息安全不遵从行为。将雇员个体对任务执行细节的调度排程的重视程度这个时间观变量引入多任务委托人—代理人模型，设计了最优关联激励契约，论证了该时间观变量对最优激励强度及最优激励策略的关联影响，并采用数值算例验证了激励强度系数与时间观变量的关联关系。

假设可以低成本地观测信息安全遵从行为的样本数据，本书设计并论证了如下三种评估机制。

1）建构信息安全遵从伽罗瓦格图，实现遵从模式的可视化表示，从格图中提取了六类信息安全遵从模式，并将这些遵从模式与利用社会网络分析方法所得到的结构特征进行了比较分析。

2）将信息安全遵从非胜任力看作一个灰色系统，构建信息安全遵从非胜任力的灰色模型，设置十四个灰评估指标，并给出相应的灰色评估方法。结合使用信息安全遵从非胜任力灰色模型与层次分析方法来计算各个灰评估指标的权重值，并给出灰分辨系数的赋值方法。

3）为了量化评估雇员群体的信息安全遵从行为的整体态势，首先构建信息安全遵从行为熵模型，但发现该模型不能区分相异的序数型数据分布所对应的遵从整体态势，而采用灰熵均衡接近度计算方法对遵从整体态势进行量化存在着同样的困难。因此，改进了熵模型和灰熵均衡接近度方法，计算各小样本数据所对应的遵从均衡接近度和遵从行为离散熵，并分析验证所提出的评估机制及评估方法的合理性、有效性。

本书所提出的信息安全遵从行为正式控制机制可为信息安全管理者、咨询者所采纳使用，以期实现对组织内部雇员的信息安全遵从行为的科学管理。

本书中的研究工作是在大连理工大学经济管理学院李文立教授的指导下完成的，同时得到了国家自然科学基金项目（70972058，71272092，71431002）的支持与资助。责任编辑郑亮、寇俊玲、宋可力出色的专业能力和敬业精神使本书增色甚多。

限于时间与学识，书中难免存在瑕疵，敬请读者不吝赐教。

王小龙

2020 年 5 月 17 日

目 录

第1章　绪论
　　1.1　研究背景 ………………………………………………………… 1
　　1.2　国内外研究进展 ………………………………………………… 10
　　1.3　主要研究思路 …………………………………………………… 18
　　1.4　研究意义 ………………………………………………………… 30
　　1.5　主要研究内容概述 ……………………………………………… 31

第2章　惩罚的确定性与适度性对信息安全遵从行为的激励机制
　　2.1　信息安全遵从博弈模型 ………………………………………… 37
　　2.2　惩罚的确定性与适度性对信息安全遵从行为的激励机制分析 … 40
　　2.3　惩罚的适度性的可行域数值模拟 ……………………………… 42
　　2.4　数值算例 ………………………………………………………… 47
　　2.5　本章小结 ………………………………………………………… 48

第3章　心理收入与货币奖励对信息安全遵从行为的组合激励机制
　　3.1　最优的组合激励契约模型 ……………………………………… 51
　　3.2　最优的组合激励契约模型的求解与分析 ……………………… 54
　　3.3　本章小结 ………………………………………………………… 55

第4章　信息安全遵从行为与本职工作行为的最优关联激励机制
　　4.1　最优关联激励契约模型的设计 ………………………………… 58

· 1 ·

4.2　最优关联激励契约模型的求解与分析 ································ 61
　　4.3　本章小结 ·· 74

第 5 章　基于伽罗瓦格图表征和评估信息安全遵从行为
　　5.1　信息安全遵从伽罗瓦格图 ·· 76
　　5.2　信息安全遵从行为模式 ·· 79
　　5.3　对比分析 ·· 83
　　5.4　本章小结 ·· 87

第 6 章　信息安全遵从非胜任力的灰色关联评估机制与方法
　　6.1　信息安全遵从非胜任力 ·· 89
　　6.2　信息安全遵从非胜任力灰色模型 ································· 90
　　6.3　信息安全遵从非胜任力的灰评估指标 ···························· 92
　　6.4　信息安全遵从非胜任力的灰色关联评估机制分析 ················ 92
　　6.5　信息安全遵从非胜任力的灰关联评估过程 ······················ 101
　　6.6　讨论与分析 ··· 106
　　6.7　本章小结 ··· 107

第 7 章　基于灰色理论和信息熵理论量化信息安全遵从的整体态势
　　7.1　信息安全遵从行为熵 ·· 109
　　7.2　灰关联熵及均衡接近度计算方法中所存在的问题 ················ 111
　　7.3　信息安全遵从行为的离散熵 ····································· 115
　　7.4　信息安全遵从行为整体态势的均衡接近度及离散熵
　　　　评估过程 ··· 116
　　7.5　信息安全遵从行为整体态势的离散熵评估结果及讨论 ············ 120
　　7.6　本章小结 ··· 123

第 8 章　创新点 ·· 124
参考文献 ·· 126
附录　调查问卷 ·· 143
后记 ··· 151

第1章 绪 论

1.1 研究背景

随着信息科学与技术的迅猛发展，信息系统（Information Systems）已经成为各类组织赖以生存和发展的重要资源与重要资本。信息系统主要由数据、信息、知识、计算机软件与硬件、制度及人等元素组成。一些相关的调查研究表明：在信息系统的分析、设计、开发、运行、使用及管理等过程中，组织内外部的诸多因素正在严重威胁着信息系统的安全性。这里的安全性是指信息系统的机密性（Confidentiality）、完整性（Integrity）、可用性（Availability）等。图 1-1 分类归纳了 Loch 等学者所给出的相关威胁因素。

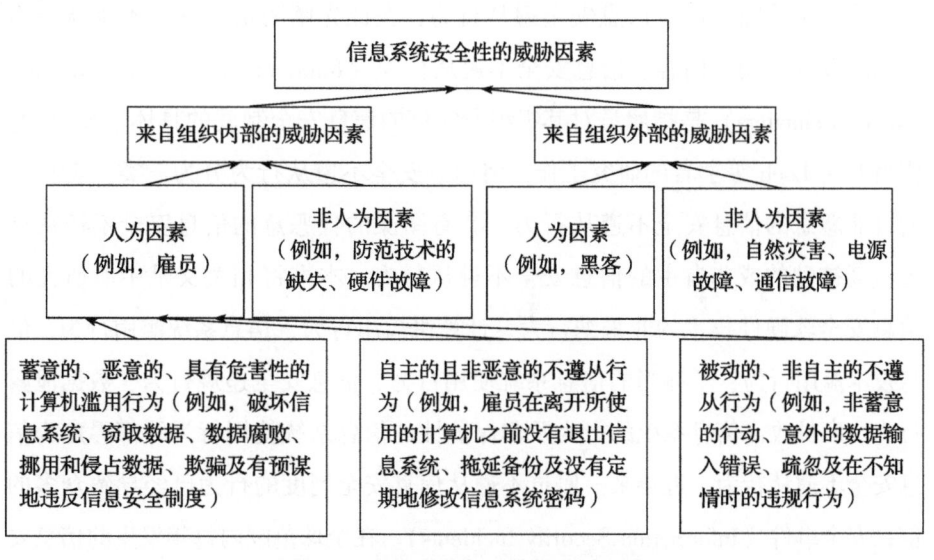

图 1-1 信息系统安全性的威胁因素

信息系统的安全保障问题正备受关注，且已成为各组织所面临的一个亟待解决的重要问题。相关的调查研究表明：单独地依靠信息安全软硬件防范技术将无法有效地保障信息系统的安全性，而人为因素更是信息安全保障防线上的关键环节；即使组织已经拥有了比较先进的信息安全软硬件防范技术，组织内部的雇员依然是信息安全保障防线上最薄弱的一环。鉴于此，一些学者指出：为了有效地保障信息系统的安全性，必须深入研究组织内部雇员的信息安全行为（Information Security Behaviors）及其逻辑前件（Antecedents）（即信息安全行为的影响因素）。再者，在信息安全管理实践过程中，为了控制内部雇员的行为，许多组织制订了信息安全制度（Information Security Policies）。这里的信息安全制度是指与信息系统安全保障相关的规则（Rules）、职责（Responsibilities）、条例（Regulations）、规程（Procedures）等。信息安全制度的有效性在很大程度上依赖于一种重要的信息安全行为——组织内部雇员的信息安全遵从行为（Information Security Compliance Behaviors）。信息安全遵从行为是指组织内部雇员在执行信息安全制度过程中的具体遵守行动。这里的组织内部雇员是指组织内部已被授权的信息系统使用者，以及负责设计、开发、使用、维护与管理信息系统的相关人员。

为了更清晰地理解信息安全遵从行为，在此先阐明信息安全不遵从行为的概念及其分类等内容。信息安全不遵从行为（Information Security Non-compliance Behaviors）是指雇员对其组织所制订的信息安全制度的具体违反行动。作者基于 Loch 等学者的研究工作，将信息安全不遵从行为分为三类：①自主的且非恶意的信息安全不遵从行为；②有图谋的且恶意的信息安全不遵从行为；③被动的或非自主的信息安全不遵从行为。本书将相关文献中所研究的信息安全软硬件技术的非采纳行为、计算机滥用行为、信息系统滥用行为、信息技术滥用行为、不适当的信息系统使用行为、信息安全违规行为、数据泄露行为、雇员攻击信息系统的行为及非保护性的信息系统使用行为等都界定为信息安全不遵从行为。近年来，雇员不遵从信息安全制度的行为已经导致众多的信息安全事件（Information Security Incidents）。在全球范围内每年发生的信息安全事件所殃及的财务金额高达数千亿美元，甚至可能高达万亿美元以上。犯罪现场鉴证科/联邦调查局（CSI/FBI）、计算机安全学会（Computer Security Institute）等专业组织的 2006 年度调研结果表明：大约 63%的被调研对象认为，雇员不遵从信息安全制度的问题是一个亟待解决的关键问题。这些专业组织在 2008 年度的调研过程中还发现大约 46%的信息安全事件是由组织内部雇员的违规行为造成的。2012 年度的数据泄露调查报告（The 2012 Data Breach Investigation Report）中的分析结果表明：所调研范围内的大约 90%的数据泄露事件（共 855 个数据泄露事件）是由内部雇员的信息安全不遵从行为导致的。2014 年度的数据泄露调查报告（The 2014 Data Breach Investigation Report）中的相关调研结论表明：谋取业务数据及机密电子文档的内部雇员的间谍行为（Insider Espionage）的发生数量有增多的趋势。另外，恶意的黑客也往往是以内部雇员为中介对象来间接地攻击信息系统。例如，黑客通过所窃取的内部雇员的信息系统信任证书或认证码入侵信息系统，并非法侵占知识产权（Intellectual Property）。针对内部雇员的信息系统滥用行为（Insider Misuse），该信息安全报告给出了一些比较重要的统计数据。作者将这些数据重新归纳、整理，如图 1-2~图 1-7 所示（图中的 N 为由组织内部雇员的信息系统滥用行为所导致的信息安全事件的数量）。

1）最多发的内部雇员的十种信息系统滥用行为，如图 1-2 所示。

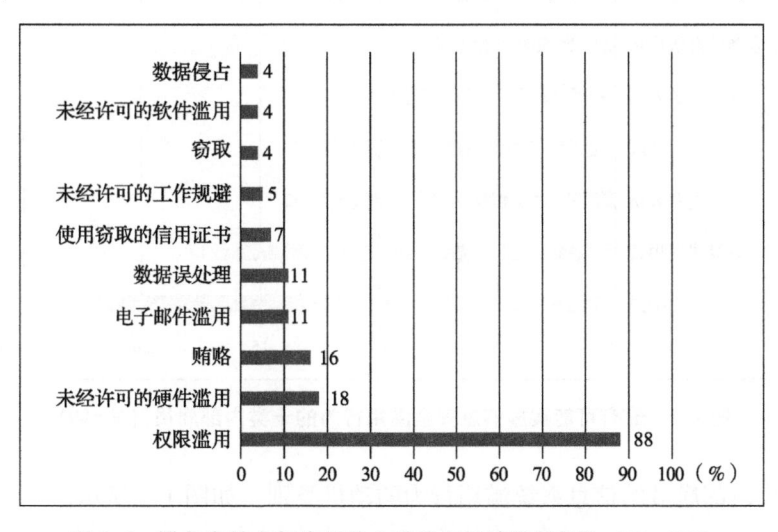

图 1-2　最多发的内部雇员的十种信息系统滥用行为（$N=153$）

2）内部雇员的信息系统滥用行为的凭借媒介，如图1-3所示。

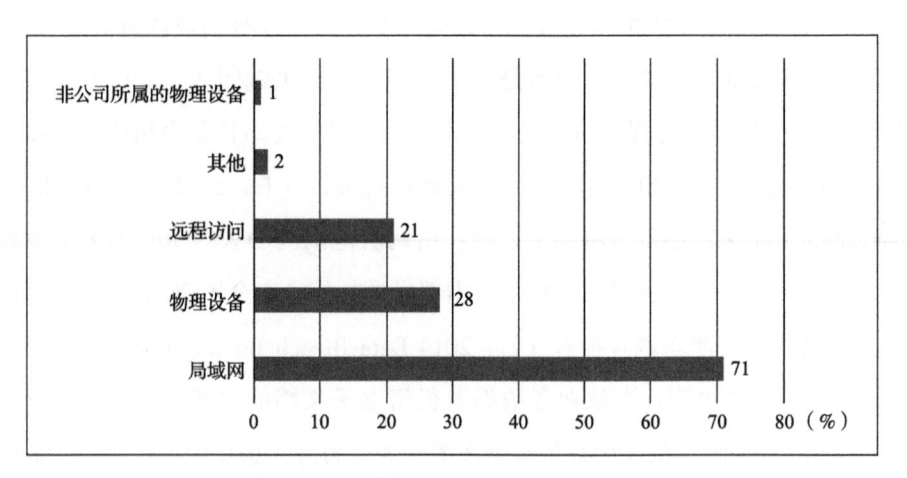

图中数据：
- 非公司所属的物理设备：1
- 其他：2
- 远程访问：21
- 物理设备：28
- 局域网：71

图 1-3　内部雇员的信息系统滥用行为的凭借媒介（$N=123$）

3）最有可能实施信息系统滥用行为的十类内部雇员，如图1-4所示。

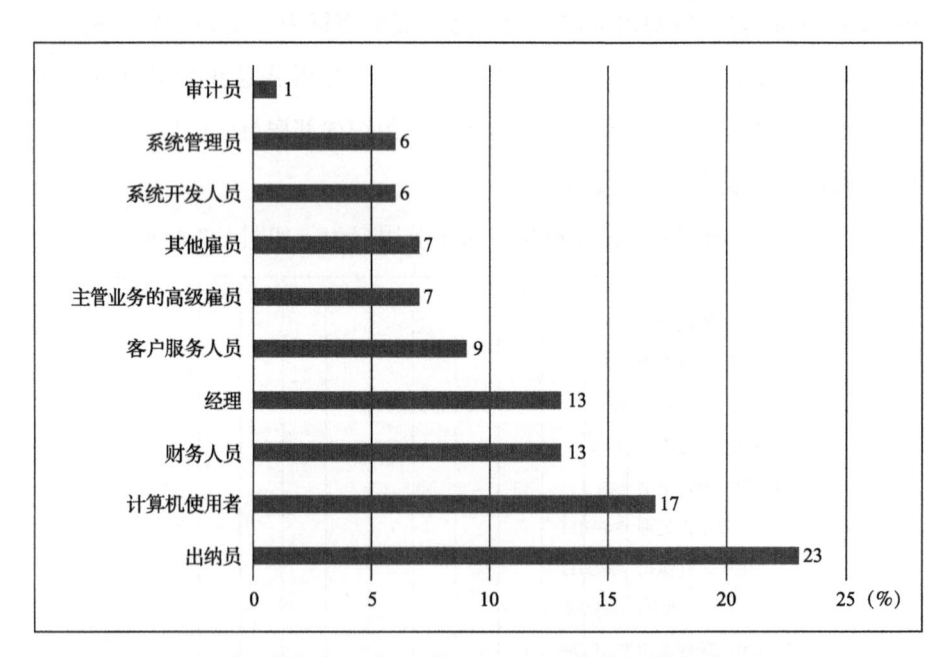

图中数据：
- 审计员：1
- 系统管理员：6
- 系统开发人员：6
- 其他雇员：7
- 主管业务的高级雇员：7
- 客户服务人员：9
- 经理：13
- 财务人员：13
- 计算机使用者：17
- 出纳员：23

图 1-4　最有可能实施信息安全滥用行为的十类内部雇员（$N=99$）

4）内部雇员的信息系统滥用行为的动机类别，如图1-5所示。

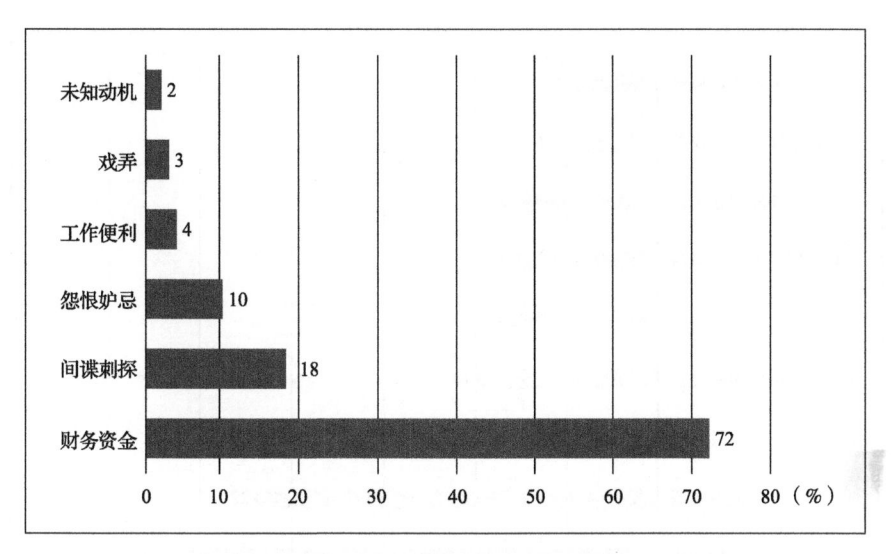

图 1-5　内部雇员的信息系统滥用行为的动机类别（$N=125$）

5）内部雇员的信息系统滥用行为所危及的十类数据，如图 1-6 所示。

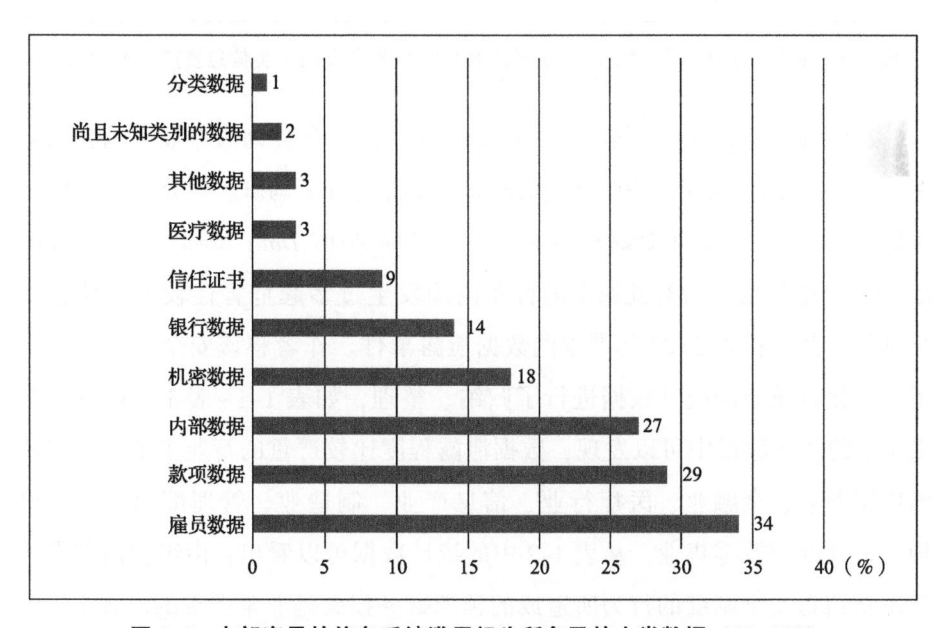

图 1-6　内部雇员的信息系统滥用行为所危及的十类数据（$N=108$）

6）最有可能被内部雇员的信息系统滥用行为所危及的十类信息资产，如图 1-7 所示。

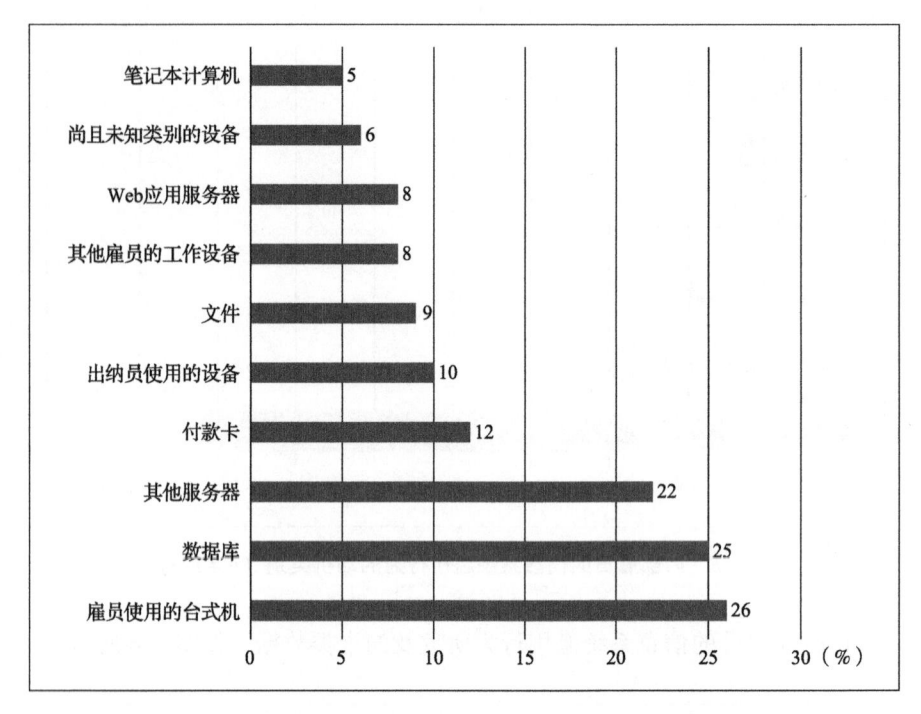

```
笔记本计算机       5
尚且未知类别的设备  6
Web应用服务器      8
其他雇员的工作设备   8
文件              9
出纳员使用的设备    10
付款卡            12
其他服务器         22
数据库            25
雇员使用的台式机    26
```

图 1-7　最有可能被内部雇员的信息系统滥用行为所危及的十类信息资产（$N=142$）

2015年，Verizon公司联合了70家主营信息安全咨询服务业务的公司对在61个国家内所发生的79790起信息安全事件进行了调研。该公司在其所发布的《2015年度数据泄露调查报告》(《The 2015 Data Breach Investigation Report》)中指出：所有被调研的行业内均发生过多起危害性较大的信息安全事件，其中包含2122起严重的数据泄露事件。作者将该安全报告所给出了一些比较重要的统计数据进行了归纳、整理，如表1-1～表1-3所示。从表1-1的统计数据中可以发现，数据泄露程度比较严重的行业主要包括宾馆酒店服务业、金融业、医疗行业、信息产业、制造业、管理部门、专业机构、公共部门及零售业。从表1-2中的统计数据可以看出，由组织内部雇员不遵从信息安全制度的行为所造成的预期财务损失是非常严重的。表1-3中的统计数据表明，信息系统权限滥用行为（Privilege Misuse）是一种较常见的信息安全不遵从行为。

表 1-1　各行业企业内部发生的信息安全事件及数据泄露事件的数量统计

行业类别/被调研公司的数量	信息安全事件的发生数量 合计	小型企业（1000人以下）	大型企业	企业规模未知	数据泄露事件的发生数量 合计	小型企业（1000人以下）	大型企业	企业规模未知
公共部门（92个公司）	50315	19	49596	700	303	6	241	56
未知行业	24504	144	1	24359	325	141	1	183
信息产业（51个公司）	1496	36	34	1426	95	13	17	65
金融服务业（52个公司）	642	44	177	421	277	33	136	108
制造业（31个公司）	525	18	43	464	235	11	10	214
零售业（44个公司）	523	99	30	394	164	95	21	48
宾馆酒店行业（72个公司）	368	181	90	97	223	180	10	33
专业机构（54个公司）	347	27	11	309	146	14	6	126
其他服务业（81个公司）	263	12	2	249	28	8	2	18
医疗行业（62个公司）	234	51	38	145	141	31	25	85
行政管理（56个公司）	205	11	13	181	27	6	4	17
教育行业（61个公司）	165	18	17	130	65	11	10	44
公共事业（22个公司）	73	1	2	70	10	0	0	10
交通行业（48个公司）	44	2	9	33	22	2	6	14
娱乐行业（71个公司）	27	17	0	10	23	16	0	7

续表

行业类别/被调研公司的数量	信息安全事件的发生数量				数据泄露事件的发生数量			
	合计	小型企业（1000人以下）	大型企业	企业规模未知	合计	小型企业（1000人以下）	大型企业	企业规模未知
采掘业（21个公司）	22	1	12	9	17	0	11	6
房地产业（53个公司）	14	2	1	11	10	1	1	8
贸易行业（42个公司）	14	10	1	3	6	4	0	2
管理部门（55个公司）	4	0	2	2	1	0	0	1
建筑业（23个公司）	3	1	2	0	2	1	1	0
农业（11个公司）	2	0	0	2	2	0	0	2
合计	79790	694	50081	29015	2122	573	502	1047

表 1-2　预期的财务损失

被泄露的数据量	平均损失下限（单位：美元）	预期损失（单位：美元）	平均损失上限（单位：美元）
每 100 个数据	18120	25450	35730
每 1000 个数据	52260	67480	87140
每 10000 个数据	143360	178960	223400
每 100000 个数据	366500	474600	614600
每 1000000 个数据	892400	1258670	1775350
每 10000000 个数据	2125900	3338020	5241300
每 100000000 个数据	5016200	8852540	15622700

表 1-3　信息系统权限滥用行为所造成的数据泄露事件的占比

信息系统权限滥用行为所危及的行业或部门	由权限滥用行为所造成的数据泄露事件的占比（%）
采掘业	79
行政管理部门	45

续表

信息系统权限滥用行为所危及的行业或部门	由权限滥用行为所造成的数据泄露事件的占比（%）
其他服务业	33
医疗行业	26
金融服务业	11
公共部门	11
教育行业	9
娱乐行业	7
信息产业	7
宾馆酒店行业	5
制造业	4
专业机构	4
零售业	3

近年来，组织内部雇员不遵从信息安全制度的行为所导致的备受关注的信息安全事件有很多，以下简单列举一些。

1995年，巴林银行（Barings Bank）新加坡分行的交易员Nick Leeson对银行内部信息系统的非授权使用导致该银行直接损失了14亿美元。这也直接迫使英国中央银行（Bank of England）在1995年2月27日不得不宣布：具有200多年显赫历史与良好信用的巴林银行进行破产清算。此事件还导致了欧洲、美洲及亚洲的多个国家与地区的股市暴跌及汇率大幅波动。

2008年1月23日，法国中央银行（Central Bank of France）向美国联邦储备委员会（The United States Federal Reserve Board）通报：法国兴业银行（Societe Generale）的交易员Jerome Kerviel违规使用兴业银行的信息系统非法动用了500亿欧元购买股指期货，进而给该银行造成了约72亿美元的资金损失。

2008年5月，英特尔公司（INTC）的软件工程师Biswamohan Pani在公开了自己的辞职意向之后的很短一段时间内，从该公司的计算机系统下载了价值数亿美元的电脑芯片设计与制造机密文档。Biswamohan Pani在正式辞职之后立即入职了 AMD 公司，而 AMD 公司是英特尔公司的主要竞争对手。

2015 年 1 月 18 日，具有较大影响力的国际金融服务公司——摩根士丹利（Morgan Stanley）公司的 35 万位重要客户的身份信息被该公司的内部雇员 Galen Marsh 窃取。值得指出的是，在 2014 年，该公司曾投入了巨额资金来保障其信息系统的安全性。然而，此次数据窃取事件的发生意味着内部雇员的信息安全不遵从行为导致了信息安全巨额投资的无效性。

迄今为止，在我国的许多工商业及其他行业组织内部也发生过多起由内部雇员信息安全不遵从行为所导致的信息安全事件。例如，2015 年，南京三超金刚石工具有限公司的内部雇员段某利用其工作职务之便，擅自将该公司的图纸、原料配方、供应商信息等电子文档进行了复制并带离了公司。此后，段某以技术入股的形式与他人合作成立了一家生产相同产品的新公司，并在短期内获得了约 1000 万元的利润。

可见，由于组织内部雇员不遵从信息安全制度所导致的经济损失、声誉损失及竞争力损失等是非常严重的，仅仅一位内部雇员的信息安全不遵从行为就足以给其组织造成毁灭性的危害，甚至危及国家安全。鉴于此，各组织机构及学术界正越来越重视信息安全遵从行为的管理与控制问题。作者认为，组织内部雇员的信息安全遵从行为是一种重要的具体行为，这种行为所带来的组织管理问题是一个值得研究的关键问题。

1.2 国内外研究进展

信息安全遵从行为的组织管理问题是近年来信息安全管理领域内的前沿研究重点之一。迄今为止，相关研究工作大多采用实证研究方法（Empirical Method）来研究一些因素对此类行为意图的影响作用是否显著。相关实证研究成果既有助于管理者科学地管理这类行为，又为以后的相关研究工作提供了支持。鉴于已有实证研究所论及的基础理论、模型、构念（Construct）、模型验证数据及其采集方法、研究结果等比较繁杂且相互之间的差异性非常大，作者不得不对这些研究工作进行仔细梳理。下面先对这些相关实证研究文献的研究内容进行概述。

1）关于信息安全遵从行为的实证研究工作大多基于社会心理学、犯罪学等领域内的理论、模型探索了若干因素对信息安全遵从行为意图的影响作用是否显著。所使用的理论与模型主要为保护动机理论（Protection Motivation Theory）、威慑理论（Deterrence Theory）、计划行为理论（Theory of Planned Behavior）、情境犯罪理论（Situational Crime Theory）、扩展与并行处理模型（Extended Parallel Processing）、惧怕诉求模型（Fear Appeals Model）、理性选择模型（Rational Choice Model）、技术接受模型（Technology Acceptance Model）。

2）关于信息安全不遵从行为的实证研究大多是基于威慑理论来研究若干逻辑前置因素对信息安全不遵从行为意图的影响作用。

分析这些实证文献，还可以发现以下几点。

1）正如谭劲松等学者指出的："虽然实证方法是管理学研究的常见方法，然而，实证研究方法针对同一个研究问题所设计的调查问卷并不相同。实证研究中的各种表格的侧重点也不相同。这种研究状况造成了相关的研究过程没有连续性，也无法对研究对象进行重复观察，从而使得研究结果不可检验，研究结果以及研究价值会受到严重的负面影响。每个实证研究工作自成体系，无法重复，也使得整个研究领域越来越支离破碎，没有体系。"有学者还强调："科学研究往往需要就同一个问题借助不同的理论视角，采用多种方法和工具，从而从不同的角度来全面地解释问题和现象。""在重视实证研究的同时，也需要鼓励其他研究方法的采用，例如，建模方法及计算机仿真等方法。"鉴于此，作者认为，需要尝试使用其他研究方法且从多种理论视角上来研究组织内部雇员的信息安全遵从行为的管理控制问题。

2）社会网络理论（Social Network Theory）、熵理论（Entropy Theory）、灰色系统理论（Grey System Theory）、博弈理论（Game Theory）及信息经济学（Information Economics）中的模型尚较少被应用于研究信息安全遵从或不遵从行为。如果基于这些理论与模型来研究组织内部雇员的信息安全遵从行为，那么既有可能获得一些比较新颖的研究结果，也便于作者将采用其他研究方法所获得的新研究结果与已有的实证研究结果进行比较分析。

3）信息安全遵从或不遵从行为的研究难度较大。究其原因主要有以下几点。

（1）实证研究调查问卷的被试者可能会受到社会期望（Social Desirability）、默许偏差（Acquiescence Bias）等因素的影响而不如实地填写问卷，这将导致研究者无法确保所收集到的信息安全遵从或不遵从行为数据的真实性。实证研究工作还利用实验（Experiment）等方法来收集信息安全遵从行为的数据。但这些方法也不能确保所收集数据的真实性、可靠性与完备性。从信息安全遵从或不遵从行为数据的收集成本角度上看，对这类行为进行全面、精确的观测所付出的成本将是非常高昂的。无法获得真实可靠的信息安全遵从或不遵从行为大数据是限制作者去研究这类行为的主要障碍之一。鉴于此，作者将研究范围限定为：①可低成本观测到产出结果的信息安全遵从行为；②可低成本观测样本数据的信息安全遵从行为。

（2）信息安全遵从行为研究领域内尚缺乏统一的研究架构、基础理论及研究方法。因此，往往无法对已有的实证研究成果进行系统分析与比较。

（3）这些实证研究工作所使用的因变量几乎都是信息安全遵从意图或不遵从意图。然而，信息安全遵从意图不能等价于实际的信息安全遵从行为本身，信息安全遵从意图并不一定会导致实际的信息安全遵从行为的发生。本书所提出的信息安全遵从评估机制及相应的评估方法的研究对象是信息安全遵从行为本身及意图，而非仅仅信息安全遵从意图，这将在一定程度上解决这个问题。

4）相关的研究工作大多是针对雇员个体的信息安全遵从或不遵从行为而开展的。针对雇员群体的信息安全遵从或不遵从行为的研究工作尚比较少见。

5）关于信息安全遵从行为的跨文化研究工作还较少。需要研究中国组织管理情境下的信息安全遵从行为的控制问题。在研究信息安全遵从行为的控制问题的过程中，作者将采集国内企业的内部雇员的信息安全遵从行为的小样本数据。

6）一些实证研究基于同一种理论研究了信息安全遵从或不遵从行为。然而，这些实证研究所获得的结论不一致，也无法相互比较。这些实证研究结果甚至是相互矛盾和对立的（Disparate Finds）。例如，通过对表1-4中所列文献的比较分析可以发现：尽管犯罪学中的威慑理论为这些实证研究提供了理论基础，然而，这些研究对"惩罚的严重性（Severity）与确定性（Certainty）对信息安全遵从意图的影响作用显著与否"这个问题的研究结论就是不一致的。例如，D'Arcy等提出，雇员所感知到的惩罚严重性与惩罚确定性都能够减轻该雇员对信息系统的误用（IS Misuse）程度；Straub等认为，惩罚对计算机滥用（Computer Abuse）这种不遵从行为具有威慑作用，且威慑方法是减少计算机滥用行为的主要策略（Primary Strategy）；Chen等认为，雇员在决定不遵从信息安全制度时，会考量惩罚对其个人收益的潜在影响，且对不遵从行为的惩罚是否严重将显著地影响雇员对信息安全制度的遵从意图。然而，另有一些相关研究指出，惩罚不能显著地影响信息安全遵从或不遵从行为（或意图）。例如，Hu等提出，惩罚的威慑作用并不能显著地降低雇员个体的信息安全违规意图；Pahnila等认为，制裁并不能显著地影响雇员的信息安全不遵从意图。

表1-4 基于威慑理论研究惩罚对信息安全遵从行为/不遵从行为的
影响作用的实证结果概述

提出者	威慑构念	关于惩罚的威慑作用是否显著地影响雇员的信息安全遵从行为的概要论述
Willison Robert 和 Warkentin Merrill（2013）	威慑	①雇员对其计算机犯罪行为的合法性辩护意图可能对威慑的有效程度具有调节作用 ②雇员的表达性动机与功利性动机（Expressive and Instrumental Motives）都可能对威慑的有效程度产生调节作用
Cheng Lijiao、Li Ying 和 Li Wenli 等（2013）	惩罚严重性、惩罚确定性	雇员感知到的惩罚严重性显著地负向影响该雇员的信息安全制度违规意图。但雇员感知到的惩罚确定性对该雇员的信息安全制度违规意图并无显著的负向影响
Chen Yan、Ramamurthy K. 和 Wen Kuang Wei（2012—2013）	惩罚	①对信息安全不遵从行为的惩罚力度（The Level of Punishment）、控制的确定性（Certainty of Control）两者都显著地正向影响雇员的信息安全制度遵从意图（这里的控制是指监控、评估与惩罚） ②对信息安全遵从意图的惩罚程度会被控制的确定性及奖励（Reward）所调节

续表

提出者	威慑构念	关于惩罚的威慑作用是否显著地影响雇员的信息安全遵从行为的概要论述
D'Arcy John 和 Devaraj Sarv（2012）	正式惩罚（惩罚的严重性与确定性）、非正式惩罚（雇员感知到的社会期望压力、道德信念）	①雇员感知到的惩罚严重性、社会期望压力、道德信念对该雇员的信息安全技术滥用意图具有显著的负向影响 ②雇员的道德信念对其滥用意图的影响作用显著地大于该雇员感知到的惩罚严重性对其滥用意图的影响。但雇员感知到的社会期望的压力对其滥用意图的影响作用并不显著地大于该雇员感知到的惩罚严重性对其滥用意图的影响 ③雇员感知到的惩罚严重性、社会期望的压力对该雇员的道德信念都具有显著的正向影响作用
Hovav Anat 和 D'Arcy John（2012）	正式惩罚（惩罚的严重性与确定性）、非正式惩罚（道德信念）	①韩国雇员感知到的惩罚严重性、惩罚确定性对其信息系统滥用意图的负向影响程度大于惩罚严重性、惩罚确定性对美国雇员的信息系统滥用意图的负向影响程度 ②韩国雇员的道德信念对其信息系统滥用意图的负向影响程度不大于道德信念对美国雇员的信息系统滥用意图的负向影响程度 ③规章制度形式的信息安全对策对韩国雇员所感知到的惩罚确定性的正向影响程度不大于规章制度形式的信息安全对策对美国雇员所感知到的惩罚确定性的正向影响程度。规章制度形式的信息安全对策对美国雇员感知到的惩罚严重性的正向影响程度不大于规章制度形式的信息安全对策对韩国雇员感知到的惩罚严重性的正向影响程度 ④规章制度形式的信息安全对策对韩国雇员的道德信念的正向影响程度小于规章制度形式的信息安全对策对美国雇员的道德信念的正向影响程度 ⑤技术形式的信息安全对策对美国雇员所感知到的惩罚确定性的正向影响程度大于技术形式的信息安全对策对韩国雇员所感知到的惩罚确定性的正向影响程度。但技术类的信息安全对策对美国雇员所感知到的惩罚严重性的正向影响程度大于技术类的信息安全对策对韩国雇员所感知到的惩罚严重性的正向影响程度
Guo Ken H. 和 Yuan Yufei（2012）	组织层次的惩罚、团队层次的惩罚、自我惩罚（即个体层次的惩罚）	①团队层次的惩罚、个体层次的惩罚皆对雇员的信息安全制度违规意图具有负向的影响作用。但组织层次的惩罚对雇员的信息安全制度违规意图没有负向的影响作用 ②团队层次的惩罚、组织层次的惩罚对雇员感知到的个体层次的惩罚程度具有正向的影响作用 ③组织层次的惩罚对雇员所感知到的团队层次的惩罚程度具有正向的影响作用

第1章 | 绪 论

续表

提出者	威慑构念	关于惩罚的威慑作用是否显著地影响雇员的信息安全遵从行为的概要论述
Hu Qing、Xu Zhengchuan 和 Dinev Tamara 等（2011）	惩罚的严重性、确定性、快速性	①雇员感知到的惩罚严重性、惩罚确定性、惩罚快速性三者皆对雇员的违规意图无显著的负向影响 ②雇员感知到的威慑程度显著地正向影响该雇员所感知到的正式风险、非正式风险。然而，雇员所感知到的正式风险、非正式风险、负罪感三者对该雇员的信息安全违规意图没有显著的负向影响 ③雇员的道德信念对该雇员感知到的物质收益无显著的正向影响。然而，雇员的道德信念显著地正向影响该雇员的负罪感、感知到的正式风险及非正式风险。另外，雇员的道德信念显著地负向影响该雇员的违规行为的精神收益
Son Jai-Yeol（2011）	惩罚的严重性、确定性	雇员所感知到的惩罚确定性、惩罚严重性与该雇员的信息安全遵从水平之间没有显著的正向关系
iHan、Zhang Jie 和 Sarathy Rathindra（2010）	雇员感知到的自己的违规行为被发现的可能性、正式惩罚的严重性、非正式惩罚（主观信念规范）	①雇员感知到的自己的违规行为被发现并被惩罚的可能性对其因特网安全制度遵从意图具有显著的正向影响 ②雇员个体的反对因特网被滥用的社会规范信念正向地影响其因特网安全制度遵从意图 ③雇员的组织认同感、雇员反对因特网被滥用的组织层面的规范信念对该雇员的反对因特网被滥用的社会层面的规范信念具有正向的影响作用 ④雇员感知到的对其因特网制度不遵从行为的惩罚严重性、社会层面的主观信念规范的压力皆对其因特网安全制度遵从意图不具有显著的正向影响 ⑤雇员感知到的信息安全风险对其因特网安全制度遵从意图具有一定的影响作用，但影响作用在统计上并不显著 ⑥雇员的因特网安全制度不遵从行为被发现并被惩罚的可能性对该雇员的因特网安全制度遵从意图的影响程度被该雇员的反对因特网被滥用的雇员个体层面的规范信念所调节 ⑦当雇员个体的规范信念的值小于1.4或者大于2.9时，雇员的因特网安全制度不遵从行为被惩罚的严重性对该雇员的因特网安全制度遵从意图具有显著地影响
Siponen Mikko 和 Vance Anthony（2010）	雇员感知到的正式惩罚的严重性与确定性、非正式惩罚、愧疚感	正式的惩罚、非正式的惩罚、愧疚感都对雇员的信息安全违规意图没有显著的负向影响

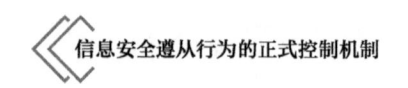

续表

提出者	威慑构念	关于惩罚的威慑作用是否显著地影响雇员的信息安全遵从行为的概要论述
D'Arcy John、Hovav Anat 和 Galletta Dennis（2009）	正式惩罚的严重性、正式惩罚的确定性	①惩罚的确定性对雇员的信息系统滥用意图没有显著的负向影响。但惩罚的严重性对雇员的信息系统滥用意图有显著的负向影响 ②雇员的信息安全制度意识对该雇员所感知到的惩罚确定性没有显著的正向影响。但雇员的信息安全制度意识对该雇员所感知到的惩罚严重性有显著的正向影响 ③信息安全教育、安全培训及安全意识培养策略对雇员所感知到的惩罚确定性、惩罚严重性皆具有显著的正向影响 ④组织对雇员所使用的计算机的监控程度对该雇员所感知到的惩罚确定性、惩罚严重性皆具有显著的正向影响
D'Arcy John 和 Hovav Anat（2009）	安全制度、SETA 策略（即安全教育、安全培训与安全意识培养）、计算机监控（以上三者皆为威慑方式）	①SETA 策略的实施将降低雇员非授权访问计算机系统的意图 ②安全制度、计算机监控的实施将减少雇员非授权篡改计算机系统的意图
Herath Tejaswini 和 Rao H. Raghav（2009）	信息安全不遵从行为被发现的确定性、惩罚的严重性	①雇员感知到的惩罚严重性对其信息安全遵从意图没有显著的正向影响 ②信息安全不遵从行为被发现的确定性、主观的规范信念、表率性的规范信念对雇员的遵从意图具有显著的正向影响
Pahnila Seppo、Siponen Mikko 和 Mahmood Adam（2007）	正式的或非正式的惩罚	惩罚对雇员的信息安全制度遵从意图无显著的影响作用
Zhang Lixuan、Smith Wayne W. 和 McDowell William C.（2006）	惩罚的确定性、严重性	雇员感知到的惩罚确定性显著地负向影响其计算机软件盗版行为。然而，雇员感知到的惩罚严重性对其软件盗版行为并无显著的影响
Higgins George E.、Wilson Abby L. 和 Fell Brian D.（2005）	信息安全不遵从行为被发现的确定性、惩罚的严重性、自我指责、社会指责、雇员的道德信念	信息安全不遵从行为被发现的确定性、自我指责、社会指责、雇员的道德信念都显著地负向影响该雇员的计算机软件盗版意图。然而，惩罚的严重性对该雇员软件盗版意图没有显著的影响
LeeSang M.、LeeSang-Gun 和 Yoo Sangjin（2004）	信息安全制度（即正式惩罚的确定性、严重性）	信息安全制度对雇员的信息安全遵从意图具有显著的正向影响

续表

提出者	威慑构念	关于惩罚的威慑作用是否显著地影响雇员的信息安全遵从行为的概要论述
Kankanhalli Atreyi、Teo Hock-Hai 和 Tan Bernard C. Y. 等（2003）	专职负责信息系统安全的雇员的工作投入时间（反映了惩罚的确定性）、惩罚的严重性	惩罚的确定性正向地影响管理者所感知到的信息系统的安全有效性。但惩罚的严重性并不影响安全管理者所感知到的信息系统的安全有效性
Skinner William F. 和 Fream Anne M.（1997）	实施非法行为后被逮捕的确定性、惩罚的严重性	惩罚严重性显著地负向影响该雇员的非法使用计算机系统的行为
Gopal Ram D. 和 Sanders G. Lawrence（1997）	软件盗版行为的严重性、确定性	了解软件盗版行为的严重性、确定性的雇员实施软件盗版行为的意图较弱
Harrington Susan J.（1996）	组织层次的通用道德规范、与信息系统相关的道德规范（两类道德规范反映了正式惩罚的确定性、严重性）	①组织层次的通用道德规范不影响雇员对计算机滥用行为正确与否的判断，也不影响其计算机滥用意图②组织层次的通用道德规范会影响那些认为保护计算机系统的安全性是自己应尽职责的雇员对计算机滥用行为正确与否的判断，也会影响该雇员的计算机滥用意图③与信息系统相关的道德规范会影响雇员对计算机滥用行为正确与否的判断、计算机滥用意图。但与信息系统相关的道德规范对那些否定自身的信息安全职责的雇员并无影响作用
Hollinger Richard C.（1993）	计算机犯罪行为被发现的确定性	雇员感知到其计算机犯罪行为被发现的确定性会负向地影响该雇员的软件盗版行为。但计算机犯罪行为被发现的确定性并不影响雇员的非授权访问计算机系统的行为
Straud Detmar W.（1990）	信息安全对策（包括威慑严重性与确定性）	①信息安全对策的运用可以减少计算机滥用行为的发生频次②与威慑的确定性相比，威慑的严重性对计算机滥用行为的影响更大

D'Arcy 与 Herath 还指出，一些应变变量（Contingency Variables）的采用与否及研究方法问题（Methodological Issues）导致了上述相互不一致的研究结论。D'Arcy 与 Herath 所论及的应变变量主要包括雇员的计算机技术自我效能（Computer Self-efficacy）、道德信念（Moral Beliefs）、自我控制能力（Self-control）、虚拟（远程）工作方式（Virtual Status）、雇员的工作职位（Employee Position）。D'Arcy 与 Herath 所指出的研究方法问题主要包括威慑理论中的概

念的可操作性问题（Operational Definition of Deterrence Theory）、客观及主观感知到的惩罚的度量问题（Objective vs Perceptual Sanction Meaurements）、"被试者本身感知到的惩罚"与"被试者所感知到的他人对惩罚的感知"之间的区别（Self vs other-referenced Perceived Sanction Measures）、不同的被试者对惩罚严重性的承受程度的差异（Fixed vs Open Values for Perceived Severity）、不同的威慑构念之间存在着概念上的重叠问题（Conceptual Overlap Among Deterrence Constructs）。

综上所述，不仅需要使用实证方法来研究信息安全遵从行为的组织管理问题，而且还需要采用其他研究方法来对该问题进行深入研究。

1.3 主要研究思路

本书先对主要研究思路进行如下概述（在对主要研究思路进行概述以后，还将分两种情况对主要研究思路进行具体论述）。

通过文献分析发现，信息安全遵从行为的正式控制机制是一个值得研究的组织管理问题。正式控制机制也被称为正式的组织控制机制（Formal Organizational Control Mechanisms）。关于工作行为的组织控制问题的已有研究，如表1-5所示。

表1-5 组织行为控制文献的研究内容概述（组织控制）

提出者	研究内容概述
Ouchi William G. 和 Maguire M. A.（1975）	①基于监控（Surveillance）的行为控制（Behavior Control）与基于产出结果（Output Control）的控制是两种相互独立的控制方式。大约25%的控制的变异量（Variance in Control）被任务特征（Task Characteristics）等变量所解释。②组织的结构化不是一种组织控制方式。大约33%的控制的变异量被结构特征、环境特征等变量所解释。③三种控制机制为市场化控制（Market Control）、官僚式控制（Bureaucratic Control）、氏族式控制（Clan Control）。控制是一个基于监控、行为度量、产出结果度量的评估过程（Evaluation Process）。④这些文献所提出的概念、框架、思想等为此后的组织控制理论、组织控制机制的相关研究工作奠定了比较坚实的理论基础
Ouchi William G.（1977）	
Ouchi 和 William G.（1979）	
Ouchi William G.（1980）	

续表

提出者	研究内容概述
Eisenhardt Kathleen M.（1985）	研究了组织设计过程中可以使用的组织控制变量：奖励结构（Reward Structure）、任务特征（Task Characteristics）、信息（Information Systems）（注：Information Systems 在该文献中指的是关于行为、外部变量等的信息与数据，而不是与计算机技术相关的信息系统），提出了如果任务的规范程度越高、行为可度量程度越高、产出结果的可度量程度越高、产出结果的不确定程度越高，那么基于行为度量的控制方式（Behavior Based Control）越有可能被采用
Jaworski Bernard J.（1988）	作者提出了一种集成了外界环境因素、控制方式、控制效果的市场控制理论（Theory of Marketing Control），并认为：若宏观环境的不确定性越大、市场竞争程度越激烈、市场占有率越大、财务状况越困难、销售部门的规模越大、销售部门的例行工作越循规蹈矩，则正式控制方式会越多地被采用，而非正式控制会越少地被采用；若宏观环境的动态波动性越大、销售部门与其他部门之间的依赖关系越大，则正式控制方式会越少地被采用，而非正式控制方式会越多地被采用；若控制者的业务流程知识越多，则流程控制方式（Process Control）（即基于行为评估的控制方式）将被使用得越多；若被控制人的产出结果越容易被度量，则基于产出结果的控制方式越会被采用；若控制方式与组织的市场目标的相容性越大、各控制方式之间的互补性越大，则该目标被实现的可能性越大；若组织控制方式与外界环境的拟合程度越好，则工作紧张程度（Work Tension）、工作角色的模糊程度、角色冲突程度越低；若组织控制方式与外界环境的拟合程度越好，则不良行为的发生次数越少，且组织的管理绩效、销售绩效越高
Flamholta Eric G.、Das T. K. 和 Tsui Anne S.（1985）	作者提出了针对工作行为的组织控制模型。该模型将核心控制系统（Core Control System）嵌入组织结构、组织文化及组织外部环境三者所构成的情境中，并提出了四个核心控制机制（Core Control Mechanism）：计划（Planning）、度量（Measurement）、反馈（Feedback）、评估与奖励（Evaluation-reward）。作者还提出了（但未定量验证）关于这些控制机制的若干假设，并讨论了所提出的控制机制对工作行为的控制作用
Snell Scott A.（1992）	作者从组织控制的角度去研究雇员行为问题是合适的，且组织的控制机制可以塑造出雇员的新行为；组织控制文献中存在着概念重叠、相关研究内容的粒度不同等问题

续表

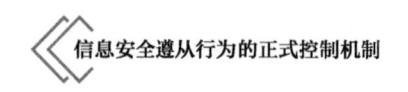

提出者	研究内容概述
Kirsch Laurie J. （1996）	作者研究了在复杂的、非常规的软件开发任务中的行为控制问题，提出了被控制人的行为可观测程度与控制人的知识水平正向影响对被控制人所采取的行为控制程度，但二者对控制人所应采取的基于产出结果的控制水平并无负向影响；较高的行为可观测程度、较低的产出结果可度量程度及控制人的较低的知识水平并不会促使控制人采用氏族式的行为控制方式；被控制人的行为可观测程度、产出结果的可度量程度负向地影响自我控制方式的使用；控制人的知识水平、控制人所认识到的任务重要性会影响自我控制方式的使用
Kirsch Laurie J. （1997）	作者研究了在软件项目开发过程中控制的作用，提出了利益相关者（Stakeholders）可以实施正式控制方式（即 Behavior Control 与 Outcome Control）与非正式控制方式（即 Clan Control 与 Self-control）的组合策略（Portfolios of Control Modes）对被控制人的行为进行管理。在构建组织控制策略时，可以使用已有的或新建的正式控制方式，并辅之以非正式的控制方式
Kirsch Laurie J.、Sambamurthy V. 和 Ko Dong-Gil 等（2002）	当产出结果可观测时，可以采用基于产出结果的控制方式（Outcome Control）；当被控制人的行为是可观测的或者控制人的信息系统开发知识丰富时，可采用行为（评估）控制方式（Behavior Control）；当被控制人的行为是可观测的且控制人的信息系统开发知识不足时，可以采用氏族式控制方法（Clan Contrtol）；当被控制人的行为不可观测而其产出结果可观测时，可以使用自我控制的方法（Self-control）
Cardinal Laura B. （2001）	作者研究了在制药业研发过程中组织控制方式的使用及其效果，提出了输入控制方式（Input Control）（即知识、技能等资源配置）、行为控制（Behavior Control）、基于输出结果的控制（Outcome Control）能够促进研发人员的根本性的创新能力（Radical Innovation）；输入控制方式、基于输出结果的控制方式能够促进研发人员的渐进性的创新能力（Incremental Innovation）
Nidumolu SarmaR. 和 Subramani Mam R. （2003）	作者提出了在软件开发流程中的一种控制矩阵。该矩阵包含规范化方法（Standardization of Methods）、绩效评估标准的规范化（Standardization of Performance Criteria）、分权（相机抉择）方法（Decentralization of Methods）、绩效评估分权（Decentralization of Performance Criteria）。还提出，规范化控制方法、相机抉择的产出结果控制方法不会降低软件开发绩效；分权控制方法、规范化的产出结果控制方法会提高软件开发绩效

第1章 | 绪　论

续表

提出者	研究内容概述
Kirsch Laurie J.（2004）	作者提出，在（跨国）通用信息系统（Common Information Systems）的需求分析、开发、实施等不同阶段，应该采用不同的正式或非正式组织控制方式
Ramesh Balasubramaniam、Cao Lan 和 Mohan Kannan 等（2006）	作者论述了对开发人员与软件开发流程的控制方法（People- vs. Process-oriented Control）：验证软件代码质量后的信任（Trust But Verify）、分布式问答（Distributed QA）、文档补充式沟通（Supplement Informal Communication with Documentation）
Nieminen Anu 和 Lehtonen Mikko（2008）	作者探索了经常出现某些变更的软件开发团队中的适用控制方式：官僚控制方法（Bureaucratic Control Mode）、氏族式控制方法、自我控制方法，并提出官僚控制方法是基本控制方法；氏族式控制方法、自我控制方法在软件开发团队中也经常被采用；这三种控制方法是互补的，而非可以相互替代的；三种控制方式可以同时被使用；内部的或者外部的监控方式也是比较重要的
Boss Scott R.、Kirsch Laurie J. 和 Angermeier Ingo 等（2009）	①组织的信息安全制度的详细规定显著地正向影响雇员所感知到的信息安全制度的强制程度。②组织对雇员的信息安全行为的评估显著地正向影响该雇员所感知到的信息安全制度的强制程度。③雇员感知到的信息安全制度的强制程度显著地正向影响该雇员对信息安全预防措施的采纳行为。④雇员感知到的信息安全制度的强制程度对三类控制元素（即 Specification/Evaluation/Reward）与该雇员对信息安全预防措施的采纳行为之间的关系并不总具有调节作用。⑤组织对雇员的信息安全行为的奖赏并不显著地正向影响该雇员所感知到的信息安全制度的强制程度
Tuuli Martin Morgan、Rowlinson Steve 和 Koh Tas Yong（2009）	作者提出了一个包含了正式控制与非正式控制的控制方式组合体（A Portfolio of Control Modes），并研究了该组合体中的四种控制方法（基于产出结果的控制方法、基于行为评估的控制方法、氏族式的控制方法及自我控制方法）在建筑工程项目管理中的应用
Kirsch Laurie J.、Ko Dong-Gil 和 Haney Mark H.（2010）	作者主要研究了基于团队的氏族式控制方式的逻辑前件（Antecedent）——社会资本（Social Capital）、项目经理的专业知识等的影响作用，并论述了组织的正式控制方式可促使雇员建立对信息安全制度的规范信念（Normative Beliefs），且此规范信念可以演变为组织内部较强的社会压力

续表

提出者	研究内容概述
Lowry Paul Benjamin 和 Moody Gregory D. (2015)	①雇员感知到的新建信息安全制度对自己的自由的威胁程度正向地影响该雇员对新建信息安全制度的抗拒程度。②雇员感知到其自由使用计算机的重要性不能正向地影响该雇员对新建信息安全制度的抗拒程度。③雇员感知到的新建信息安全制度所给予自己进行决策的自由程度比较大且不会降低该雇员对新建信息安全制度的抗拒程度。④雇员的抗拒倾向正向地影响该雇员对新建信息安全制度的抗拒程度。⑤雇员对新建信息安全制度的抗拒程度较高会降低该雇员对新建信息安全制度的遵从意图。⑥雇员已有的对信息系统的保护性认知不能正向地影响该雇员对新建信息安全制度的遵从意图。⑦组织内现有的正式控制方法、新建信息安全制度所具有的强制性皆正向地影响雇员对新建信息安全制度的遵从意图
Persson John Stouby、Mathiassen Lars 和 Aaen Ivan (2012)	作者论述了由组织所发起的正式的度量与评估控制及由雇员所发起的非正式控制（例如氏族式控制）在远程分布式的敏捷软件开发（Agile Software Development）过程中的作用

基于相关文献中的研究内容，并考虑正式控制机制包括激励机制与评估机制，可将主要研究思路简述为：信息安全遵从行为的正式控制机制=信息安全遵从行为的激励机制+信息安全遵从行为的评估机制。正式的组织控制（Formal Organizational Control）这个概念较早地出现于Flamholtz等人的研究工作中。在本书中，作者将信息安全遵从行为的正式控制机制定义为：关于如何利用信息安全遵从行为激励与信息安全遵从行为评估这两种方式来促使组织内部雇员去适当地执行信息安全制度条款的组织管理理论与方法。该定义也借鉴了Kirsch等所提出的控制概念"Control is defined as the set of mechanisms designed to motivate individuals to work in such a way that desired objectives are achieved"，以及Flamholtz等所提出的控制概念"Control is defined as attempts by the organization to increasethe probability that individuals will behave in ways that will lead to the attainment of organizational objectives"。可以通过对正式控制机制与非正式控制机制的比较分析来更深入地理解正式控制机制的概念，如表1-6所示。

表 1-6　正式控制与非正式控制的比较

	正式控制		非正式控制	
	基于产出结果（激励）的控制	基于行为评估的控制	氏族式控制	自我控制
控制的重点	产出结果	行为	价值观	自我调整
控制的基础	制度与规则、监控	制度与规则、监控	趋同的价值观	自我监督
控制人	组织的或组织外部的控制人	组织的或组织外部的控制人	团队成员	个人或团队
理想的应用前提条件	被控制人的工作任务的产出结果是已知的、可观测的；奖励数额与产出结果相关	被控制人的行为是可观测的	被控制人的行为、工作任务的产出结果是不可观测的	被控制人的行为、工作任务的产出结果是不可观测的

对于信息安全遵从行为，已有的实证研究工作已经涉及了非正式控制机制（如自我控制）与正式控制机制（如奖励），但与信息安全遵从行为的正式控制机制问题相关的其他范式研究还比较缺乏。作者拟采用基于博弈论等理论的建模方法，以及数值模拟的方法设计论证信息安全遵从行为的正式控制机制，进而可提出相应的正式控制方法。这些正式控制机制与方法既可以促使组织内部雇员去适当地遵从信息安全制度，又可以同时制约所有类型的信息安全不遵从行为（即自主的且非恶意的不遵从行为、有图谋的且恶意的不遵从行为、被动的或非自主的不遵从行为）；而已有相关文献中所提出的基于威慑机制的方法往往仅适用于制约有图谋的且恶意的信息安全不遵从行为，却不适用于制约其他两类信息安全不遵从行为。

作者通过文献分析发现，可以将委托人—代理人理论（The Principal-agent Theory）作为切入点来具体研究信息安全遵从行为的正式控制机制。在下文中，作者将基于委托人—代理人理论对主要研究思路的逻辑合理性及其可行性进行具体论述。

1.3.1　信息安全遵从行为激励机制的主要研究思路

先对信息安全遵从行为激励机制的主要研究思路的逻辑合理性及可行性进行如下具体所述。

有学者基于委托人—代理人理论研究了激励机制这种正式控制机制（见表1-7），并指出：鉴于委托人与代理人之间存在着控制与被控制的关系，委托人所面临的问题是如何为被委派去完成某任务的代理人提供一份最优激励契约（Optimal Incentive Contract），凭此契约来促使代理人选择委托人所期望的行为及努力水平。因为组织（即委托人）与被委派去遵从信息安全制度的组织内部雇员（即代理人）之间也存在着控制与被控制的关系，所以作者基于委托人—代理人理论来研究组织内部雇员的信息安全遵从行为的激励机制问题是合理的、可行的。

表1-7 比较重要的文献中组织行为控制研究内容概述（委托人—代理人理论）

提出者	内容概述
Von Neumann John 和 Morgenstern Oskar（1944）	研究内容是现代博弈理论与信息经济学的基础
Nash John Forbes（1950） Nash John Forbes（1951）	定义了非合作博弈并证明了纳什均衡解的存在性，由此奠定了非合作博弈理论的基础
Arrow Kenneth J.（1971）	论述了风险规避（Risk Aversion）、最优风险分配（Optimal Allocation of Risk Bearing）、道德风险（Moral Hazard）等若干重要问题
Ross Stephen（1973）	作者对一般市场均衡下的代理问题（Agency Problem）进行了微观分析
Mirrlees James A.（1976）	提出了关于生产性质的组织的两类模型。在第一类模型中，产出和报酬取决于完全可观测的个体行为。在第二类模型中，在对个体行为观测不完全的情况下，对最优工资结构和组织结构进行了推断
Hölmstrom Bengt.（1979）	研究了存在道德风险（Moral Hazard）的委托人—代理人关系中的不完美信息（Imperfect Information）的作用
Grossman Sanford J. 和 Hart Oliver D.（1983）	提出了一种凸规划方法，分析了在代理人对收益风险的态度独立于其行动条件下的委托人—代理人问题
Rogerson William P.（1985）	给出了使一阶方法有效的充分条件：单调似然率条件与分布函数凸性条件，并指出在相同的充分条件下，帕累托最优工资合同的输出是非减的
Rees Ray（1985）	主要论述了关于委托人—代理人理论的主要研究结果
Hart Oliver D. 和 Hölmstrom Bengt（1987）	在现实的工作环境下，因为无法事先完全确定委托人与代理人的义务，所以所制订的契约是不完备的（Incomplete）。更重要的是，契约的不完备性会导致一个难以解决的问题：如何限定契约双方的行为

续表

提出者	内容概述
Hölmstrom Bengt 和 Milgrom Paul（1991）	当代理人在同期内执行多项任务时，从单任务委托人—代理人理论所导出的激励结论可能不再适用。当不同任务的监督难易程度不同时，对易于监督的任务的过度激励会促使代理人将过多的努力花费在该任务上而忽略其他任务
Jensen Michael C. 和 Meckling William H.（1994）	如果人们想要理解各类组织是如何运作的，那么，人们首先必须去探索的根本问题是如何理解雇员的行为。作为代理理论基础的 REMM（Resourceful, Evaluative, Maximizing Model）模型系统地描述了雇员的行为理性
Hölmstrom Bengt（1999）	雇员对其职业生涯（事业成功）的重视程度会影响该雇员的工作努力动机及其工作决策。如果雇员的人力资本收益与其组织的资金收益相互一致，那么雇员的事业动机将成为促使该雇员努力工作的主要积极因素
Joseph Kissan 和 Thevaranjan Alex（1998）	研究了激励与监控对销售人员的控制作用
Alles Michael、Amershi Amin 和 Datar Srikant 等（2000）	从经济学的角度论述了在现代制造业准时化生产的最小化库存控制过程中，对工人进行激励的原理
Raghu T. Santanam、Sen Pradyot K. 和 Rao H. Raghav（2003）	评估了激励契约对被授权进行投资决策的基金经理人的激励效用
Raghu T. Santanam、Jayaraman B. 和 Rao H. Raghav（2004）	论述了在销售流程中的激励机制的设计与模拟
Anderson Ross 和 Moore Tyler（2006）	论述了信息安全经济学的研究范围。这两位学者指出，恰如那些导致大气污染事件及交通拥塞的人，侵害计算机网络安全的人也往往并未被绳之以法
Chang Frederick R.（2009）	从经济学的角度上看，关键问题在于激励雇员的信息安全遵从行为的重要性大于信息系统本身的功能的重要性
Herath Tejaswini, Rao H. Raghav（2010）	依据委托人—代理人理论设计了激励（即惩罚）机制，以促使组织内部的计算机终端用户选择实施信息安全保障行为
张维迎（2012）	对委托人—代理人模型进行了系统阐述
FangFang、Parameswaran Manoj 和 ZhaoXia 等（2014）	研究者们指出一个重要问题：跨组织的信息系统（Inter-organizational Information Systems）所链接的每个组织并不了解其他组织的信息安全状况，且每个组织都不愿单方面采取安全措施以降低其他组织的信息安全风险。研究者们将这个问题抽象为信号甄别博弈（Signaling-screening Game），并设计了相应的激励机制

相关文献中所采用的委托人—代理人理论有两个主要假设：

主要假设 1：如果代理人的行为是可观测的，即在具备完全信息（Complete Information）的情况下，代理人了解自己的行为收益，委托人也了解代理人的行为收益。此时，代理人的行为可以被认为是一种可购买的商品（Purchased Commodity）。因此，基于行为完全信息的契约将是最优的。然而，考虑到组织无法低成本地测算信息安全遵从行为的完全信息，这个理论假设并不适用于作者拟开展信息安全遵从行为的激励机制研究。

主要假设 2：如果无法低成本地观测代理人的行为，即在不完全信息（Incomplete Information）情况下，代理人了解自己的行为收益或努力水平，而委托人并不知晓代理人的行为细节（即在此情况下，委托人与代理人之间存在着信息不对称问题）。若此时仅依据委托人所期望的代理人行为（而不是根据代理人的实际行为）来奖励代理人，那么，代理人就可能不选择实施委托人所期望的行为，也就是说，委托人与代理人之间存在着偏好差异（Divergence of Preference）。这种情况意味着委托代理关系中可能存在着道德风险问题（The Problem of Moral Hazard）。解决上述两个问题的可行办法是：委托人与代理人签订一份基于产出结果的最优激励契约，以期采用激励这种正式控制方式来使委托人与代理人都能获得最优收益。考虑到可以观测到组织内部雇员的信息安全遵从行为的产出结果及小样本数据，因此，可以在该理论假设下研究信息安全遵从行为的激励机制。进而，作者设定了信息安全遵从行为的激励机制研究问题的两个基本假设，见图 1-8 的虚线框内的内容。

在作者所设定的两个基本研究假设下，作为委托人的组织或雇主有如下两种选择。

1）依据信息安全遵从行为的产出结果来激励雇员。例如，在某个有限的时期内，雇主可以依据使用信息安全审计等方法所核实的信息安全遵从行为的产出结果来奖励雇员。此时，该产出结果被作为信息安全遵从行为本身的一种替代性指标（Surrogate Measure）。如果雇员是风险规避的（Risk Averse），这种依据产出结果来奖励或惩罚雇员的激励方式有可能会增加该雇员的收益风险。这是因为由于某些外部因素的影响，雇员的信息安全遵从行为的产出结果具有一定程度的不确定性：较高的信息安全遵从行为的努力水平有可能会导致较差的产出结果，而较低的信息安全遵从行为的努力水平却有可能导致较好的产出结果。也就是说，作为代理人的雇员的信息安全遵从行为本身只能部分地决定产出结果的优或劣。迄今为止，针对组织内部雇员的信息安全遵从行为激励机制的研究工作尚比较缺乏。再考虑到 Ouchi 等学者所指出的"激励机制是工作行为的正式控制机制之一"。因此，作者拟将信息安全遵从行为的激励机制作为该行为的正式控制机制之一来详加研究。具体的研究内容请见本书的第 2 章至第 4 章。

2）组织依据所观测到的（或所购买到的）信息安全遵从行为的部分信息或小样本数据来评估该行为。已有的相关研究提出，组织可以投入一定数额的观测成本或管理成本（即通过购买的方式）来获取信息安全遵从行为的部分信息。例如，可以通过现场观察、视频监控及审查计算机日志等方式来获取信息安全遵从行为的部分信息。然后，雇主依据所购买到的这些信息来评估信息安全遵从行为，进而决定是否奖励雇员。这也是下文中将要论述的信息安全遵从行为评估机制的主要研究思路的逻辑起点。

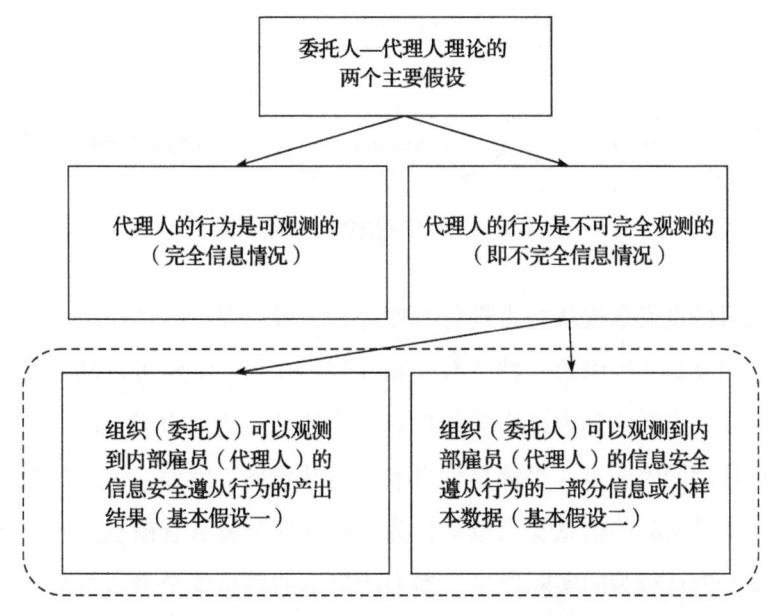

图 1-8　信息安全遵从行为的正式控制机制研究的两个基本假设

1.3.2 信息安全遵从行为评估机制的主要研究思路

现对信息安全遵从行为评估机制的主要研究思路的逻辑合理性及其可行性进行如下具体论述。

在上文所提出的第二个基本研究假设中,作者已初步论述了组织可以依据所观测到的信息安全遵从行为部分信息或小样本数据来评估这种行为。再者,一些相关研究指出,评估也是一种正式控制方式,且评估是三个相互独立的组织控制元素之一(如图1-9所示)。从图1-9中可以看出,除了评估之外,这些相关研究还提出了另外两个组织控制元素:"规章制度(Specification)"和"奖励(Reward)"。其中,"规章制度"对应着本书所论及的信息安全制度(作者假设组织或雇主已经制订了完备的信息安全制度);"奖励"对应本书的研究内容之一:信息安全遵从行为的激励机制。可见,本书研究的信息安全遵从行为正式控制机制与Boss等所提出的控制三元素等内容在本质上是一致的,也是相互对应的。

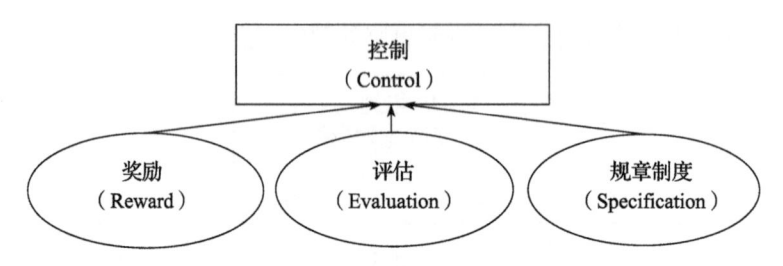

图 1-9 三个相互独立的控制元素

组织对信息安全遵从行为进行有效评估,可以促使内部雇员认识到遵从信息安全制度是其组织的一种具有强制性质的命令。组织可以利用评估这种正式控制方式来制约其内部雇员的信息安全遵从行为。再者,已有的相关实证研究所使用的因变量几乎都是信息安全遵从意图。然而,信息安全遵从意图不能等价于实际的信息安全遵从行为,信息安全遵从意图也并不一定会导致信息安全遵从行为的实际发生。本书所提出的信息安全遵从行为的评估机制及相应的评估方法将在一定程度上解决这个问题。另外,作为委托人的组织还可以继续比较"对代理人(即雇员)的行为进行评估的成本"与"对产出结果进行评估的成本+转嫁给代理人的风险成本"的大小(如图1-10所示),以择优选择两种正式控制机制之一:①信息安全遵从行为激励机制——依据产出结果来奖惩代理人;②信息安全遵从行为评估机制——购买代理人的信息安全遵从行为的部分信息或小样本数据。并且,当委托人基于"对产出结果进行评估的成本+转嫁给代理人的风险成本"来控制代理人的信息安全遵从行为时,不仅可以激励代理人选择较高的信息安全遵从行为努力水平,而且可以实现对信息安全遵从行为风险的共同分担(Risk Sharing)。迄今为止,针对组织内部雇员的信息安全遵从行为的评估机制的研究工作尚比较缺乏。因此,作者拟将信息安全遵从行为的评估机制也作为该行为的正式控制机制之一来开展深入研究。具体的研究内容请见本书的第5章至第7章。

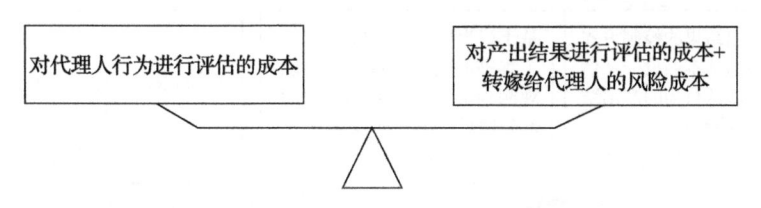

图 1-10 委托人可选择的两种控制策略(在不完全信息情况下)

另外,值得指出的是,作者所提出的两个基本研究假设都具有逻辑合理性及可行性。其中,基本假设一的合理性可被相关文献中的调查研究内容所支持;基本假设二的合理性可被相关文献中的论述内容所支持。再者,可以认为,这两个基本假设是既相互联系又相互独立的。关于两个基本假设之间具有相互联系关系的论点可以被上文中的论述内容所支持;关于这两个基本假设相互独立的论点也可被相关文献所支持。这种既相互联系又相互独立的关系,恰好有利于作者将正式控制机制所包含的既相互联系又相互独立的两个侧重点(即激励机制与评估机制)分离开,然后再分别针对这两个侧重点开展深入研究。

本书的主要研究思路如图1-11所示。图1-11中的虚线框内的六种正式控制机制是本书的主要研究内容。

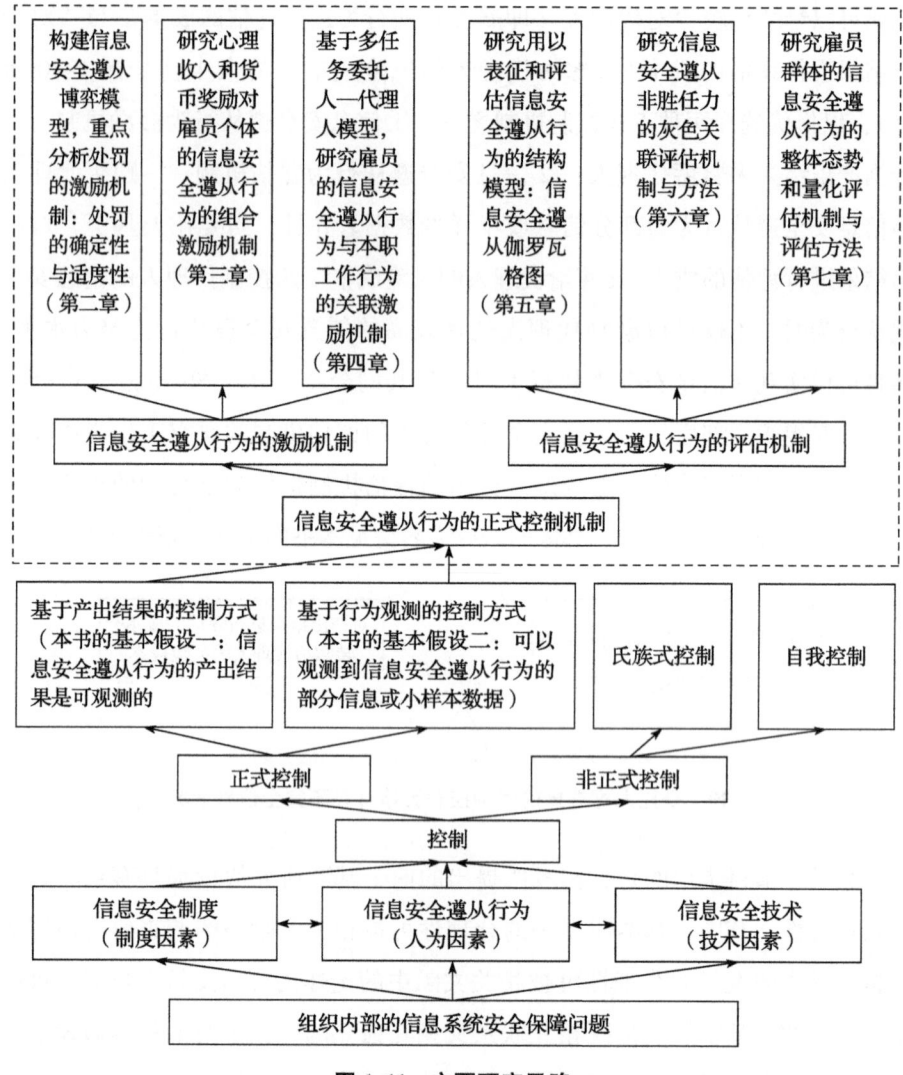

图 1-11 主要研究思路

综上所述，关于信息安全遵从行为的正式控制机制的主要研究思路是合理的，也是可行的。

1.4 研究意义

1) 研究信息安全遵从行为的正式控制机制的理论意义。

本书所研究的正式控制机制（即激励机制及评估机制）既有利于管理者深入理解组织内部雇员的信息安全遵从或不遵从行为本身，又有利于管理者深入理解若干逻辑前置因素对这类行为的组织控制原理。

2) 研究信息安全遵从行为的正式控制机制的管理实践意义。

在信息安全遵从行为的管理实践过程中，合理、有效的正式控制机制及相应的正式控制方法的应用将有利于各组织科学地管理其内部雇员的信息安全遵从行为及不遵从行为。受控的信息安全遵从行为不仅有利于信息安全制度的具体实施，也有利于信息安全保障技术更有效地被内部雇员所采纳使用，从而阻止或减少信息安全事件的发生，并使组织在信息安全保障上的投资产生良性的预期效果，进而实现组织的信息安全管理目标。

1.5 主要研究内容概述

本书所研究的信息安全遵从行为的正式控制机制可分为既相互联系又相互独立的两部分：激励机制与评估机制。其中，关于信息安全遵从行为激励机制的研究内容在一定程度上体现了"赏罚分明"的组织控制思想；而关于信息安全遵从行为评估机制的研究内容则在一定程度上体现了"选贤任能"的组织控制思想。因而，本书的主要研究内容可简述为："赏罚分明，选贤任能"。

1.5.1 信息安全遵从行为的正式控制机制之一：激励机制

鉴于在组织委派雇员遵从信息安全制度的过程中存在着信息不对称问题与道德风险问题，因此，有必要研究信息安全遵从行为的激励机制。相应的三个研究子内容如下。

1) 惩罚的确定性与适度性对信息安全遵从行为的激励机制。

虽然惩罚是一种消极的激励方法（Negative Incentive Method），一些相关研究工作仍然探索了惩罚的确定性与严重性对组织内部雇员的信息安全遵从意图或不遵从意图的影响作用。然而，针对"惩罚的确定性与严重性是否会显著地影响组织内部雇员的信息安全遵从意图或不遵从意图"这个问题，已有的相关研究结论尚存在着严重分歧。为了继续探索惩罚对信息安全遵从行为的影响作用及激励机制，作者先构建了信息安全遵从博弈模型。然后，依据该模型与存在道德风险的委托人—代理人理论模型，分析和论证了惩罚的确定性及适度性对信息安全遵从行为的激励机制，并对惩罚适度性的可行域进行了数值模拟。具体研究内容请见第2章。

2）心理收入（Psychic Income）与货币奖励（Monetary Reward）对信息安全遵从行为的组合激励机制。

关于工作行为激励机制，已有研究工作几乎都侧重于分析货币奖励对雇员工作行为的努力水平的影响作用。然而，需求层次理论（Needs-hierarchy Theory）及其他一些相关研究结果表明：归属感（Belonging）、自尊需要（Respect & Esteem Needs）、自我实现需要（Self-actualization Needs）、工作意义（The Meaning of Work）及努力认可（Effort Appreciation）等非货币形式（Non-pecuniary）的心理收入也可能会影响雇员工作行为的努力程度。因此，作者将心理收入引入经典的委托人—代理人理论模型中来研究心理收入与货币奖励对信息安全遵从行为的组合激励机制。具体研究内容请见第3章。

3）基于多任务委托人—代理人理论模型来探索信息安全遵从行为的激励机制。

在某些组织情境下，雇主（委托人）会委派其雇员（代理人）在完成本职工作任务的同期内还必须去完成信息安全遵从任务。即使雇主只要求雇员去完成信息安全遵从任务，该任务也很可能包含多个子任务。雇员在不同的任务或子任务之间分配的努力水平可能是不同的。当雇员在同期内从事多个不同的任务时，雇主对这些的任务的监督能力也可能是不相同的。另外，某些任务可能比其他任务更难以监督与观测。雇主对易于观测的任务的过度激励可能会诱使雇员把过多的努力付诸这些易被观测的任务，却规避其他任务。因此，基于多任务委托人—代理人理论模型来探索信息安全遵从行为与本职工作行为的关联激励机制具有比较重要的理论意义与管理实践意义。具体研究内容见第4章。

1.5.2　信息安全遵从行为的正式控制机制之二：评估机制

为了提出信息安全遵从行为的评估机制与方法，本书将论述如下三个内容。

1）基于伽罗瓦格（Galois Lattice）理论，构建出用以评估组织内部雇员的信息安全遵从行为模式的结构模型——信息安全遵从伽罗瓦格图（Information Security Compliance Galois Lattice Diagram）。利用该格图来实现信息安全遵从行为的可视化表示。具体研究内容请见第 5 章。

2）组织内部的雇员有可能会置身于多项任务的工作情境中。例如，雇员不仅必须承担任务重、变化多、压力大的本职工作，并且，他们还会被委派在同期内去承担烦琐的信息安全遵从任务。在此工作情境下，雇员的负面人格特质可能会被激活，进而可能导致雇员表现出信息安全不遵从行为。也就是说，负面人格特质有可能使雇员不能胜任信息安全遵从任务。尽管仅能观测到信息安全遵从非胜任力的各灰色评估指标的小样本数据，然而，灰色关联分析方法对观测数据量及数据分布规律没有严格的要求，因此，作者将尝试基于灰色系统理论来研究组织内部雇员的信息安全遵从非胜任力的灰色评估机制与灰色评估方法。具体研究内容见第 6 章。

3）合理、有效地量化和评估雇员群体的信息安全遵从行为的整体态势（Holistic State）是一个难题，也是一个值得研究的重要问题。作者将基于灰色系统理论与信息熵理论来研究信息安全遵从整体态势的评估机制与评估方法。具体研究内容见第 7 章。

第 2 章　惩罚的确定性与适度性对信息安全遵从行为的激励机制

在本章中及在后续的第 3 章与第 4 章中，作者将论述信息安全遵从行为的三种激励机制。本章重点研究惩罚的确定性和适度性对信息安全遵从行为的激励机制。

在第 1 章中曾定义：信息安全遵从行为是指组织内部雇员在执行信息安全制度过程中的具体遵守行动；信息安全制度是指组织所设置的与信息安全保障相关的规程、条例、规则与职责等。在本章，作者对信息安全遵从行为的主要特性进行如下阐述。

1）关联性（Correlation）。雇员的信息安全遵从行为与其本职工作行为之间存在着较密切的关联关系。例如，在使用信息系统执行本职工作任务期间，组织通常会要求雇员按照信息安全制度的具体规定来设置并使用信息系统登录密码。

2）自主性（Discretion）。由于信息安全制度通常是指导性的、非强制性的，所以，雇员可以自主选择其信息安全遵从的努力水平。

3）遵从偏好的差异性（Divergence of Compliance Preferences）。虽然组织希望其雇员遵从信息安全制度，但雇员依然有可能选择实施不遵从行为。这意味着雇员与组织之间存在着关于信息安全制度遵从的偏好差异。

4）适时性（Timeliness）。由于危及信息系统安全性的新方式、新病毒频繁出现，组织内部的信息安全制度也不得不经常更新。因此，组织希望雇员能够适时地调整其信息安全遵从行为来应对这些变化。

5）较低的可观测性（Non-observable）。在一定时期内，组织往往无法对每位雇员的信息安全遵从行为进行全面的精确观测。

6）产出结果不确定性（Uncertainty of Compliance Outcome）。某些随机因素（States of Nature）可能会影响信息安全遵从行为的产出结果。

7）意图性（Intentional）。雇员的信息安全遵从意图可能会引发信息安全遵从行为；反之，其信息安全不遵从意图可能导致信息安全不遵从行为的出现。其中，危害性较大的信息安全不遵从行为主要包括以下这些：自主性的但非恶意的不遵从行为（Volitional But Not Malicious Non-compliance），如拖延备份、未定期地改变信息系统用户密码等行为；蓄意的或恶意的计算机滥用行为，如破坏、欺诈及窃取数据等行为。

8）重要性（Significance）。信息安全遵从行为之所以是重要的，是因为如果雇员不遵从信息安全制度，就很可能给其组织的资产、声誉、竞争力等造成严重损害。已有的相关研究指出，仅仅一位雇员的信息安全不遵从行为就足以给其组织带来灾难性的危害。

鉴于信息安全遵从行为具有上述特性，作者认为，组织（委托人）与被委派去遵从信息安全制度的雇员个体（代理人）之间存在着信息不对称问题和道德风险问题。因此，在组织与雇员二者之间形成了存在道德风险的委托人—代理人关系（Principal-agent Relationship with Moral Hazard）。

近年来的信息安全调查研究表明，组织内部所发生的信息安全事件大多是由于雇员不遵从信息安全制度而造成的。信息安全遵从行为问题已经成为信息安全管理领域内的一个值得研究的重要问题。Beautement 等提出，有必要从经济学的角度去研究信息安全遵从行为与不遵从行为。雇员是否遵从信息安全制度是由其所感知到的信息安全遵从成本和信息安全遵从收益所共同决定的。并且，雇员愿意投入信息安全遵从任务上的资源（如努力、精力或知识等）是有限的。因此，组织必须精益求精地管理这种重要行为。还有若干相关研究工作基于威慑理论（Deterrence Theory）对组织内部雇员的信息安全遵从行为进行了实证研究。例如，Chen 等认为，雇员个体在决定不遵从其组织的信息安全制度时，会考量惩罚对其个人效用函数的潜在影响。因此，对信息安全不遵从行为所实施的惩罚严重性将显著地正向影响该雇员对信息安全制度的遵从意图；D'Arcy 等提出，雇员所感知到的惩罚严重性和确定性都能够显著地降低该雇员对信息系统的滥用程度（IS Misuse）；Straub 等认为，惩罚对计算机滥用行为（Computer Abuse）具有威慑作用，且威慑方法是减少计算机滥用行为的基本策略（Primary Strategy）；Johnston 等提出，由惩罚所引致的恐惧诉求（Fear Appeal）会显著地影响雇员的信息安全遵从意图；Bulgurcu 等的研究结果表明，制裁（Sanction）会显著地影响雇员的信息安全遵从行为。

然而，另有一些学者提出了相反的研究结论：惩罚不能显著地影响雇员的信息安全遵从或不遵从行为（或意图）。例如，Hu 等提出，惩罚所形成的威慑作用并不能显著地降低雇员的信息安全违规意图；Pahnila 等认为，制裁并不能显著地影响雇员的信息安全不遵从意图；Willison 等的研究结果表明，对于那些潜在的信息安全违规雇员，其思维过程与组织情境的交互作用将显著影响对该雇员所实施的惩罚效果；Johnson 等提出了惩罚具有间接的威慑作用，即在发现雇员的不遵从行为后，可以采用罚款（Financial Penalty）这种形式来惩罚其部门经理（Line Manager）。这种惩罚方式可以促使该经理督促其所管理的雇员去改正信息安全违规行为。

在中华民族的古代文化中也存在着关于惩罚和奖赏的争论：①法家学派强调"重罚轻赏"的思想。例如，韩非子提出了"重罚""以刑止刑""刑过不避大臣，赏善不遗匹夫""寄治乱于法术，托是非于赏罚，属轻重于权衡"等赏罚政策；商鞅提出了"禁奸止过，莫若重刑""刑胜而民静，赏繁而奸生"等严酷的治理思想。②儒家学派却强调"赏罚适中"及"赏胜于罚"的思想。例如，孔子认为"刑罚不中，则民无所措手足"；荀子的赏罚思想是"赏不欲僭，刑不欲滥。赏僭则利及小人，刑滥则害及君子。若不幸而过，宁僭毋滥。与其害善，不若利淫"；相关的儒家经典还提出了"疑罪从轻，疑赏从重"的赏罚思想。③儒家学派也并不是完全反对重罚这种治理方法。例如，"刑新国用轻典，刑乱国用重典，刑平国用中典"的治理方法。④中国唐代产生了"宽严相济""慎罚"等赏罚思想。

鉴于上述分析，作者认为，有必要继续深入研究惩罚对信息安全遵从行为的影响作用，并拟基于博弈理论与存在道德风险的委托人—代理人理论来重点研究惩罚的确定性及适度性（Appropriateness of Penalty）对雇员个体的信息安全遵从行为的激励机制。值得指出的是，虽然在作者所提出的激励机制中也包含奖励（Reward）因素，但考虑到经典的委托人—代理人理论已经重点研究了奖励的激励机制，因此，本章将重点论述惩罚的激励机制，并将这种新机制作为信息安全遵从行为的正式控制机制之一。

2.1　信息安全遵从博弈模型

组织内部雇员的信息安全遵从行为及其努力水平的选择可以看作是组织与雇员个体两者之间的博弈结果。关于信息安全遵从博弈的若干假设如下。

假设 1　两位博弈参与人：一个是组织 O，另一个是被该组织委派去完成信息安全遵从任务的雇员个体 E。

假设 2　虽然雇员 E 的信息安全遵从行为无法被全面、精确度量，但与其工作岗位相关的信息安全产出结果（Information Security Outcome）是可以观测的。

假设 3　两位博弈参与人都是理性的。

假设 4　两位博弈参与人都具有进行信息安全遵从博弈所需的共同知识（Common Knowledge）。

假设 5　两位博弈参与人都了解信息安全遵从博弈的规则。

假设 6　雇员 E 的信息安全遵从努力程度与外部的随机因素共同决定信息安全的产出结果。

假设 7　组织 O 是风险中性的。其收益的效用函数为：$u_1(x)=x$，x 为货币数额。

假设 8　雇员 E 是风险规避的。其收益效用函数为：$u_2(x)=x^\mu$，$0<\mu<1$。因而，该雇员的阿罗—帕拉特相对风险规避测度由 $1-\mu$ 确定。

假设 9　如果雇员 E 越努力地遵从信息安全制度，那么与其工作岗位相关的信息安全产出越高。

假设 10　较高的信息安全产出结果可以为组织 O 带来收益 m_1；而较低的

信息安全产出可以为该组织带来收益 m_2。

基于上述假设,作为委托人的组织 O 与作为代理人的雇员 E 将按照图 2-1 所示的扩展型表述(Extensive-form Representation)来进行信息安全遵从博弈。

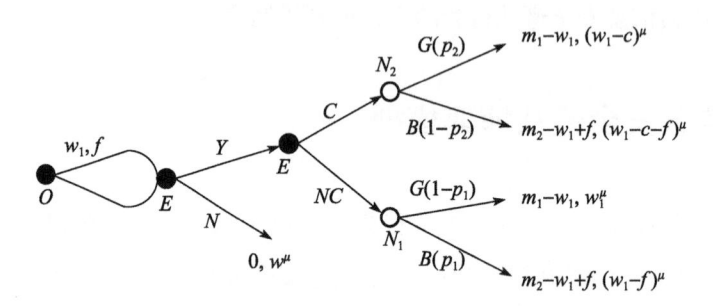

```
                         G(p_2)    m_1-w_1, (w_1-c)^μ
                    N_2
              C         B(1-p_2)   m_2-w_1+f, (w_1-c-f)^μ
        Y    E
  w_1,f      NC         G(1-p_1)   m_1-w_1, w_1^μ
O       E           N_1
        N               B(p_1)     m_2-w_1+f, (w_1-f)^μ
        0, w^μ
```

图 2-1 信息安全遵从博弈过程的扩展型表述

具体的博弈过程如下所述。

1)在博弈开始时,组织 O 向雇员 E 提出一份包含报酬 w_1 与惩罚 f 的契约。在本书中,惩罚既可以是正式惩罚(例如,经济处罚、监禁等),也可以是非正式惩罚(例如,社会谴责、自责或羞愧等);报酬既可以是固定数额的,也可以是可变数额的。此契约约定,在与雇员 E 工作岗位相关的信息安全产出结果较高和较低两种情况下,组织 O 都将支付报酬 w_1 给该雇员,但当信息安全产出较低时,该组织将对雇员 E 进行惩罚,假设惩罚的金额为 f,$f>0$。

2)雇员 E 决定是否接受这份契约。若不接受该契约,即雇员 E 选择了 N,则博弈结束。此时,组织 O 的收益为零,该雇员的收益为 w_2,w_2 为雇员 E 通过外部机会所能获得的收益。

3)若雇员 E 选择了 Y,即接受该契约,则她/他要继续选择遵从(C)还是不遵从(NC)组织内部的信息安全制度。该雇员不遵从信息安全制度会引致一个机会节点 N_1。在此机会节点处,由起随机选择作用的虚拟博弈参与人(Pseudo Player)"自然(Nature)"选择信息安全产出结果是高(G)或者低(B)。自然将以概率 p_1 选择 B,以概率 $1-p_1$ 选择 G,$p_1>1-p_1$。该雇员遵从信息安全制度会引致另外一个机会节点 N_2。在该机会节点处，也由起随机选择作用的"自然"选择信息安全产出结果是高（G）或低（B）。自然将以概率 p_2 选择 G，以概率 $1-p_2$ 选择 B，$p_2>1-p_2$。

由前面所假设的效用函数可知：

1）在雇员 E 遵从信息安全制度的前提下，若自然选择了 G，则组织 O 的效用为 m_1-w_1，该雇员的效用为 $(w_1-c)^\mu$，其中，c 为雇员 E 遵从信息安全制度时所付出的努力成本，$0<c<w_1$；若自然选择了 B，则该组织的效用为 m_2-w_1+f，雇员的效用为 $(w_1-c-f)^\mu$。

2）在雇员 E 不遵从信息安全制度的前提下，当自然选择 G 时，组织的效用为 m_1-w_1，该雇员的效用为 w_1^μ；当自然选择 B 时，该组织的效用为 m_2-w_1+f，雇员的效用为 $(w_1-f)^\mu$。

可以分别计算出组织与雇员在上述两个机会节点处的各自期望得益。经过计算可知：

1）在与雇员 E 的遵从行为相对应的机会节点上，组织 O 的期望收益为 $p_2(m_1-w_1)+(1-p_2)(m_2-w_1+f)$，雇员 E 的期望收益为 $p_2(w_1-c)^\mu+(1-p_2)(w_1-c-f)^\mu$。

2）在与雇员 E 的不遵从行为相对应的机会节点上，该组织的期望收益为 $(1-p_1)(m_1-w_1)+p_1(m_2-w_1+f)$，雇员 E 的期望收益为 $(1-p_1)w_1^\mu+p_1(w_1-f)^\mu$。

因此，可以获得信息安全遵从博弈的扩展型的另一种描述，如图 2-2 所示。

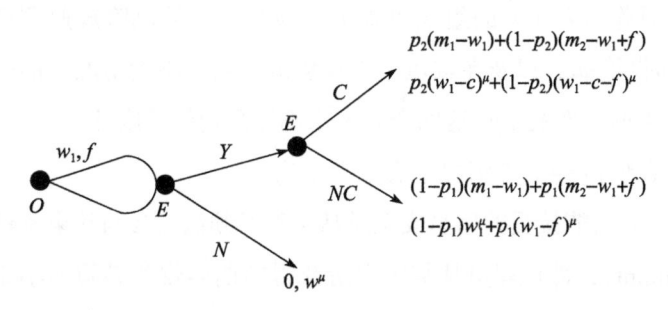

图 2-2　信息安全遵从博弈结束时组织与雇员各自所获得的期望收益

2.2 惩罚的确定性与适度性对信息安全遵从行为的激励机制分析

现对信息安全遵从博弈模型中的惩罚 f 的激励机制进行如下分析。

命题 1　若信息安全遵从激励契约中不存在惩罚项 f，且满足 $w_2^\mu < w_1^\mu$ 时，作为代理人的雇员个体将选择不遵从信息安全制度。

证明　在惩罚 $f=0$ 的情况下，可得出如下结论。

1) 当雇员 E 选择遵从信息安全制度时，其期望收益 $p_2(w_1-c)^\mu + (1-p_2)(w_1-c-f)^\mu = (w_1-c)^\mu$。

2) 当该雇员选择不遵从信息安全制度时，其期望收益 $(1-p_1)w_1^\mu + p_1(w_1-f)^\mu = w_1^\mu$。

因为 $(w_1-c)^\mu < w_1^\mu$，且若同时还满足 $w_2^\mu < w_1^\mu$，则该雇员个体将选择不遵从信息安全制度。

命题 1 中的经济学与管理学意义为：在契约中不存在惩罚规定且雇员的外部机会的期望收益小于契约报酬的情况下，作为代理人的雇员将不遵从信息安全制度。为了促使该雇员选择遵从行为，必须使惩罚 $f \neq 0$。$f \neq 0$ 意味着惩罚必须具有确定性。可见，惩罚的确定性能够有效地影响雇员个体对信息安全遵从行为的选择。

命题 2　惩罚的适度性能够有效地影响作为代理人的雇员个体的信息安全遵从行为，且作为委托人的组织可根据该雇员个体的风险规避测度 $1-\mu$、报酬 w_1、外部收益 w_2，以及在该雇员不遵从信息安全制度情况下的较低的信息安全产出结果的出现概率 p_1 这四个因素来确定惩罚的适度性。

证明　在惩罚 $f \neq 0$ 的情况下有如下结论。

1) 雇员 E 所能接受的信息安全遵从契约必须满足参与约束条件（Participation Constraint），即该雇员从契约中所获得的期望收益必须不小于其外部机会收益 w_2。此参与约束条件可用 (2.1) 式表示

$$p_2(w_1-c)^\mu + (1-p_2)(w_1-c-f)^\mu \geq w_2^\mu \qquad (2.1)$$

由于此契约是由组织设计的，为了使契约最有利于组织本身，组织可以采用增大惩罚 f 的办法使上述（2.1）式中的等号成立，即最优契约应满足以下公式

$$p_2(w_1 - c)^\mu + (1 - p_2)(w_1 - c - f)^\mu = w_2^\mu \qquad (2.2)$$

2）如果组织设计的契约使雇员 E 从其遵从行为中获得的期望收益不小于从其不遵从行为中所得到的期望收益，那么这份契约就可以激励该雇员努力地遵从信息安全制度。因此，能够促使雇员 E 遵从信息安全制度的激励相容条件（Incentive Compatibility Condition）为

$$p_2(w_1 - c)^\mu + (1 - p_2)(w_1 - c - f)^\mu \geq (1 - p_1)w_1^\mu + p_1(w_1 - f)^\mu$$
$$(2.3)$$

假设雇员 E 在选择遵从信息安全制度之时，其期望收益为常数 l。若将与 w_1 相对应的惩罚 f 表示为函数 $g(w_1)$，$g(w_1)>0$，则（2.4）式成立

$$p_2(w_1 - c)^\mu + (1 - p_2)(w_1 - c - g(w_1))^\mu = l \qquad (2.4)$$

对（2.4）式的两边分别关于 w_1 求导数，可得

$$g'(w_1) = 1 + \frac{p_2}{1 - p_2}\left(1 - \frac{g(w_1)}{w_1 - c}\right)^{1-\mu} \qquad (2.5)$$

当 $w_1 - c > g(w_1)$ 时，可得

$$g'(w_1) > 1 \qquad (2.6)$$

（2.6）式表明：如果惩罚 f 的增加值大于报酬 w_1 的增加值，那么就可使该雇员个体的期望收益保持不变（即为常数 l），且因为增加的惩罚金额归属于组织 O，所以该组织的期望收益将增大。f 的增加值大于 w_1 的增加值有可能使激励相容约束收紧。进而，对组织 O 而言，最优的遵从激励契约意味着（2.7）式成立

$$p_2(w_1 - c)^\mu + (1 - p_2)(w_1 - c - f)^\mu = (1 - p_1)w_1^\mu + p_1(w_1 - f)^\mu \quad (2.7)$$

由（2.2）式与（2.7）式，可得

$$(1 - p_1)w_1^\mu + p_1(w_1 - f)^\mu = w_2^\mu \qquad (2.8)$$

由于参与约束条件与激励相容约束条件同时成立，该雇员个体将接受包含惩罚 f 的契约，并选择组织所期望的遵从努力水平，组织也将获得最优期望

效用。可见，满足（2.8）式的惩罚 f 的取值情况（即惩罚的适度性）能够有效地影响雇员个体的信息安全遵从行为。并且，组织可根据雇员个体的风险规避测度 $1-\mu$、报酬 w_1、外部收益 w_2，及在不遵从情况下信息安全产出结果较低的概率 p_1 这四个因素来确定惩罚的适度性的可行域。

命题 2 表明，适度的惩罚可以激励作为代理人的雇员个体选择作为委托人的组织所期望的信息安全遵从行为努力水平。

2.3　惩罚的适度性的可行域数值模拟

根据（2.8）式，可对惩罚的适度性的可行域做如下数值模拟。

1）在雇员个体的风险规避测度为固定值的前提条件下，可以分三种情况讨论 w_1、w_2、p_1 对 f 值的影响作用。关于惩罚的适度性的可行域，请见表 2-1 中的三个数值模拟图形。

表 2-1　当 μ 为固定值时，w_1、w_2、p_1 对 f 值的影响

三种情况	惩罚的适度性及其影响因素
①当 w_1 为设定值时，惩罚 f 的值可由外部收益 w_2 及概率 p_1 确定，如右图所示（令 $\mu=0.2$，$w_1=100$）	

续表

三种情况	惩罚的适度性及其影响因素
②当 w_2 为设定值时,惩罚 f 的值可由报酬 w_1 及概率 p_1 确定,如右图所示(令 $\mu=0.2$, $w_2=50$)	
③当 p_1 为设定值时,惩罚 f 的值可由报酬 w_1 及外部收益 w_2 确定,如右图所示(令 $\mu=0.2$, $p_1=0.8$)	

2)在报酬 w_1 为固定值的条件下,可按照表 2-2 中三种情况讨论 μ、w_2、p_1 对 f 取值的影响。关于惩罚的适度性的可行域,请见表 2-2 中的三个数值模拟图形。

表 2-2　当 w_1 为固定值时，μ、w_2、p_1 对 f 值的影响

三种情况	惩罚的适度性及其影响因素
①当 μ 为设定值时，惩罚 f 的值可由外部收益 w_2 及概率 p_1 确定，如右图所示（令 $w_1=100$，$\mu=0.3$）	
②当 w_2 为设定值时，惩罚 f 的值可由 μ 及概率 p_1 确定，如右图所示（令 $w_1=100$，$w_2=50$）	
③当 p_1 为设定值时，惩罚 f 的值可由报酬 μ 及外部收益 w_2 确定，如右图所示（令 $w_1=100$，$p_1=0.8$）	

3）在报酬 w_2 为固定值的条件下，可按照表 2-3 中的三种情况讨论 μ、w_1、p_1 对惩罚 f 取值的影响。关于惩罚的适度性的可行域，见表 2-3 中的三个数值模拟图形。

表 2-3　当 w_2 为固定值时，μ、w_1、p_1 对 f 值的影响

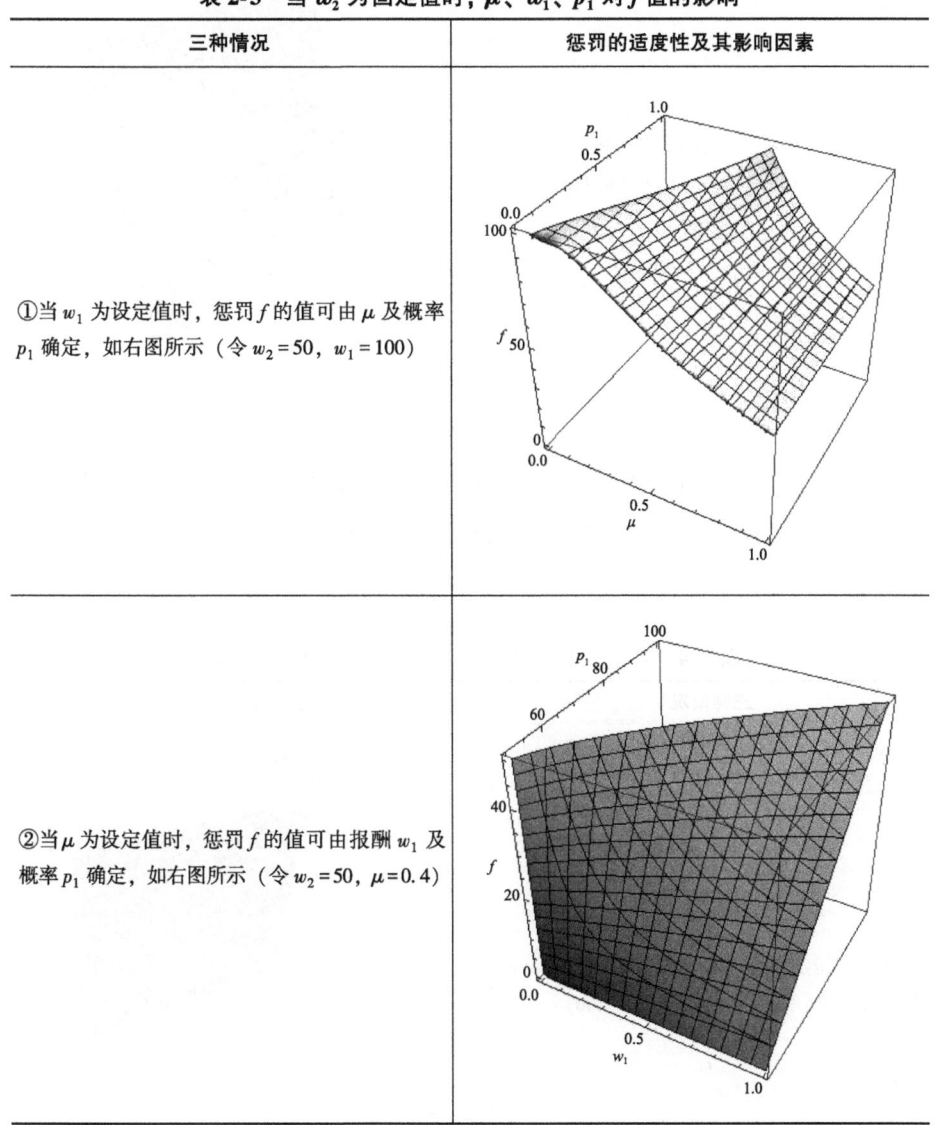

三种情况	惩罚的适度性及其影响因素
①当 w_1 为设定值时，惩罚 f 的值可由 μ 及概率 p_1 确定，如右图所示（令 $w_2 = 50$，$w_1 = 100$）	
②当 μ 为设定值时，惩罚 f 的值可由报酬 w_1 及概率 p_1 确定，如右图所示（令 $w_2 = 50$，$\mu = 0.4$）	

续表

三种情况	惩罚的适度性及其影响因素
③当 p_1 为设定值时，惩罚 f 的值可由 w_1 及 μ 确定，如右图所示（令 $w_2=50$，$p_1=0.9$）	

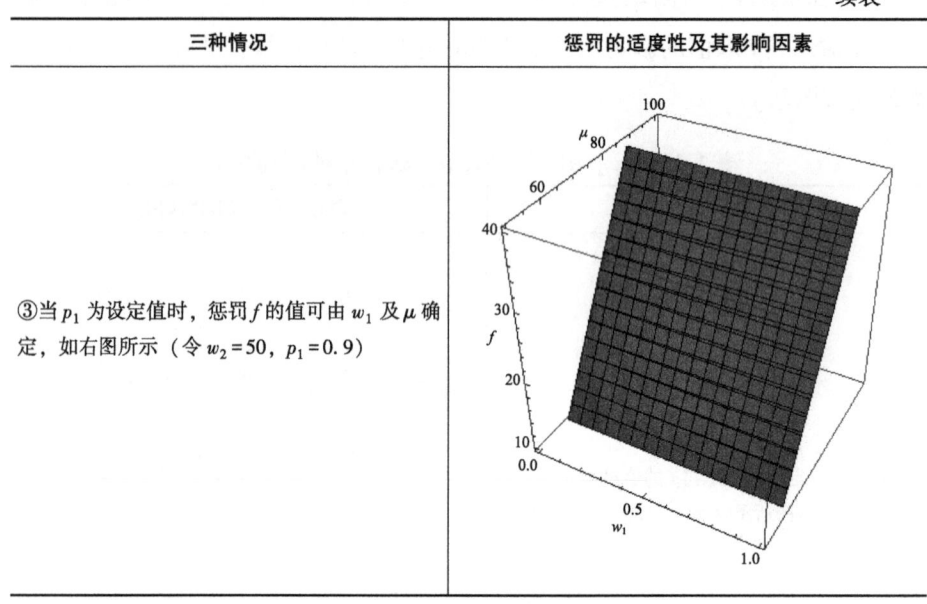

4）在 p_1 取固定值的条件下，可以分三种情况讨论 μ、w_1、w_2 对 f 值的影响（如表 2-4 所示）。关于惩罚的适度性的可行域，见表 2-4 中的三个数值模拟图形。

表 2-4 当 p_1 为固定值时，μ、w_1、w_2 对 f 值的影响

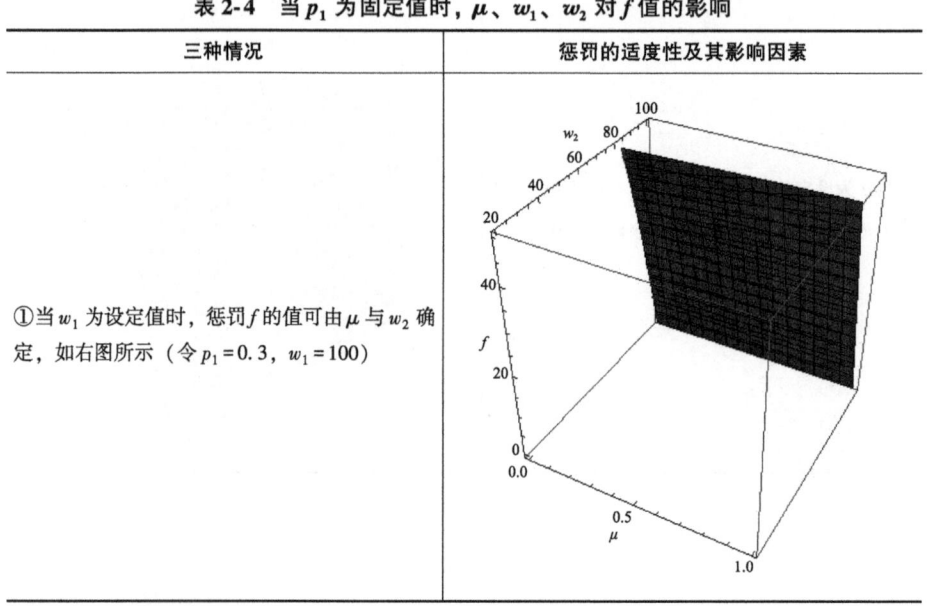

三种情况	惩罚的适度性及其影响因素
①当 w_1 为设定值时，惩罚 f 的值可由 μ 与 w_2 确定，如右图所示（令 $p_1=0.3$，$w_1=100$）	

续表

三种情况	惩罚的适度性及其影响因素
②当 w_2 为设定值时，惩罚 f 的值可由 w_1 与 μ 确定，如右图所示（令 $p_1=0.3$，$w_2=50$）	
③当 μ 为设定值时，惩罚 f 的值可由 w_1 与 w_2 确定，如右图所示（令 $p_1=0.3$，$\mu=0.3$）	

2.4 数值算例

　　作者还使用算例验证了所提出的信息安全遵从行为激励机制的合理性与有效性。

令 $w_2=1$, $p_1=1$, 代入（8）式可得：$w_1=f+1$。令 $c=1$, $p_2=\dfrac{2}{3}$, 根据 (2) 式, 可得报酬 $w_1=\left(\dfrac{3}{2}\right)^{\frac{1}{\mu}}+1$, 惩罚 $f=\left(\dfrac{3}{2}\right)^{\frac{1}{\mu}}$。雇员个体将接受包含上述惩罚与报酬的契约, 且选择较高的信息安全遵从努力水平。

令 $m_1=10$, $m_2=1$, 则在雇员选择遵从的情况下, 组织与雇员个体的期望收益分别为 $6-\left(\dfrac{3}{2}\right)^{\frac{1-\mu}{\mu}}$ 与 1。当 $\mu=1$ 时, 即当雇员个体是风险中性的时, 组织的收益为 $6-\left(\dfrac{3}{2}\right)^{\frac{1-\mu}{\mu}}=5$。因此, 在选择较高的遵从努力水平时, 雇员的风险升水为 $5-\left[6-\left(\dfrac{3}{2}\right)^{\frac{1-\mu}{\mu}}\right]=\left(\dfrac{3}{2}\right)^{\frac{1-\mu}{\mu}}-1$, $0<\mu<1$。如果 $\mu=1$, 则风险升水为零; 如果 $\mu<1$, 则风险升水为正值。

在最优的无惩罚契约中, $w_1=w_2=1$, $f=0$。根据最优无惩罚契约及惩罚契约, 可以计算出组织在这两种契约下获得的期望收益分别为 0 与 $6-\left(\dfrac{3}{2}\right)^{\frac{1-\mu}{\mu}}$。因此, 当 $6-\left(\dfrac{3}{2}\right)^{\frac{1-\mu}{\mu}}\geq 0$ 时, 该组织将选择使用包含惩罚的契约。此时, 可得 $\mu\geq\dfrac{1}{1+\dfrac{\ln 6}{\ln 1.5}}\approx 0.19$, $1-\mu\leq 0.81$。这意味着, 如果雇员个体的风险规避测度不大于 0.81, 该组织将选择包含有惩罚的激励契约来促使雇员个体选择较高的信息安全遵从努力水平。

2.5 本章小结

本章构建了信息安全遵从博弈模型, 依据存在道德风险的委托人—代理人理论重点论证了惩罚的确定性和适度性对作为代理人的雇员个体的信息安全遵从行为的激励机制, 并通过数值模拟方法获得了惩罚适度性的可行域。研究结果表明, 惩罚的确定性和适度性可促使作为代理人的雇员个体选择作为委托人的组织所期望的信息安全遵从行为及努力水平。此研究结果与经济学中的理性人假设及一些相关的实证研究结果是一致的，即雇员个体是追求收益最大化的理性行动者，如果雇员预期到对其信息安全不遵从行为的惩罚所导致的损失会大于其在遵从信息安全制度的情况下所获得的收益，那么该雇员将选择实施信息安全遵从行为。作者的研究结果与先秦时代的法家学派的"重罚轻赏"思想及儒家学派的"赏胜于罚"思想都是相悖的，但与儒家学派的"赏罚适中"及唐代的"慎罚"治理思想是相接近的。作者的研究结果还支持了一个实证研究结论：惩罚的确定性可以对雇员个体的信息安全不遵从行为起到威慑作用。作者的研究发现可归纳为：①作为委托人的组织不仅需要设计出包含适度惩罚的信息安全遵从行为最优激励契约，并且组织必须对惩罚的确定性加以严格保障，即组织必须做到"违法必究"。组织将获得最优的信息安全遵从收益，作为代理人的雇员个体不仅愿意接受该契约，并且将按照组织所期望的努力水平去遵从信息安全制度。②组织可根据雇员的风险规避测度、雇员的外部收益、激励报酬及在该雇员不遵从信息安全制度情况下的信息安全产出结果较劣的概率这四个因素来确定惩罚适度性的可行域。

第3章 心理收入与货币奖励对信息安全遵从行为的组合激励机制

前文指出，雇员的信息安全不遵从行为是组织内部发生信息安全事件的主要原因之一。因此，有必要对雇员的信息安全遵从行为或不遵从行为的影响因素及影响因素的作用机制进行深入研究。已有的相关研究工作大多采用实证研究方法。但作者将采用不同的研究方法，并在委托人—代理人理论框架下对信息安全遵从行为激励机制这种正式控制机制进行研究。

假设以某一努力水平去遵从信息安全制度是雇主（或组织）委派雇员个体去完成的单一任务。在执行此任务的过程中，雇主与雇员之间通常会存在着信息不对称问题：该雇员完全了解自己对信息安全制度的遵从努力程度，但雇主却不能低成本地观测到该雇员的信息安全遵从的努力程度。在执行信息安全遵从任务的过程中，雇主与雇员之间所形成的委托代理关系也可能存在着道德风险问题：虽然雇主期望雇员以某一努力水平去遵从信息安全制度，但是该雇员却可能并不选择雇主所期望的努力水平。根据委托人—代理人理论可知，作为委托人的雇主必须设计出一份最优契约来激励作为代理人的雇员个体选择最优的信息安全遵从努力水平。

Herath 与 Rao 认为，货币形式的奖励可被单独用以激励作为代理人的雇员个体选择委托人所期望的信息安全遵从努力水平。而需求层次理论（Needs-hierarchy Theory）及其他相关研究工作的结果则表明：归属感、自尊需要（Respect &Esteem Needs）、自我实现需要（Self-actualization Needs）、工作意义及工作努力被认可（Effort Appreciation）等非货币形式的心理收入（Psychic Income）（或称为非物质激励）也可能会影响人们工作的努力程度。基于这两类研究工作及其研究结果，作者拟在委托人—代理人理论框架下研究一种新的正式控制机制：心理收入与货币奖励对雇员个体的信息安全遵从行为的组合激励机制。

3.1 最优的组合激励契约模型

先做出如下所述的若干研究假设。

假设1 雇主（委托人）与雇员个体（代理人）是相对独立的两个个体。雇主委托该雇员去完成单一工作任务：以最优的努力水平去遵从组织内部的信息安全制度。

假设2 设 b 是该雇员选择的某一努力水平的信息安全遵从行为，即 b 为表示雇员个体的信息安全遵从努力水平的一维变量，$b \in B_0$，其中，B_0 是该雇员可能会选择所有信息安全遵从努力水平的集合。该雇员完全知晓自己的信息安全遵从水平 b，而雇主不能低成本地观测到 b。θ 是不受雇主与雇员个体控制的不可观测的外部随机变量，θ 的取值范围为 Θ，θ 服从均值为零且方差为 σ^2 的正态分布。假设 b 与 θ 共同决定该雇员个体的信息安全遵从产出绩效 $\pi(b, \theta) = b + \theta$。其中，假设 $\pi(b, \theta)$ 是一个可观测的产出变量，其数学期望为 b，方差为 σ^2。$\pi(b, \theta)$ 的所有权归属于此雇主。假设 $\pi(b, \theta)$ 的分布函数满足一阶随机占优条件（The First-order Stochastic Dominance Condition）。这意味着，如果该雇员个体的遵从努力水平越高，那么其信息安全遵从的产出就会越高，从而对其雇主越有利。雇主期望该雇员选择最优的信息安全遵从行为的努力水平。同时，雇员的信息安全遵从行为的边际绩效是递减的。假设 π 是 θ 的严格增函数，较大的 θ 意味着外部随机变量有助于该雇员取得相对较高的信息安全遵从产出绩效。

假设3 设对应于该雇员的信息安全遵从水平 b 的成本函数为 $c(b)$。假设 $c'(b) > 0$，其含义是：若遵从努力水平越高，则遵从成本越大。因此，雇员个体有可能并不愿意选择努力水平较高的信息安全遵从行为。

假设4 雇主与雇员个体皆偏好于在约束条件下让各自的期望效用最大化。

假设 5 观测 π 所用的成本为零。

假设 6 雇主是风险中性的,而雇员个体是风险厌恶的。

假设 7 作为委托人的雇主将履约,且此雇主具有支付报酬和奖励的能力。

假设 8 θ 的分布函数、$\pi(b, \theta)$ 及委托人与代理人各自的 v-N-M 期望效用函数 (von-Neumann-Morgenstern Utility Function) 等都是博弈共同知识 (Common knowledge)。

基于上述假设,作为委托人的雇主可以设计一份线性的组合激励契约

$$s(\pi) = w_1 + \alpha\pi + \beta\pi \qquad (3.1)$$

其中,① w_1 是作为代理人的雇员个体可以获得的固定额度的货币形式收入,w_1 与 π 无关;② α 是给予该雇员个体的货币激励强度系数,$0 \leq \alpha \leq 1$;③ β 是作为代理人的雇员个体的心理收入系数,$0 \leq \beta \leq 1$。作为委托人的雇主将根据此契约及所能观测到的信息安全产出绩效 π 向作为代理人的雇员个体支付货币奖励与心理收入。进而可知,此雇主所需解决的问题是:计算出最优的 α、β,以提供一份最优契约来从货币与心理这两个方面激励作为代理人的雇员选择最优的信息安全遵从努力水平。

对作为委托人的雇主而言,其所付出的对应于雇员个体心理收入的货币支出可以近似为零(对雇主而言,$\beta\pi = 0$),即支付给该雇员的心理收入是一种"零货币成本"非物质激励方式。因此,此雇主的期望收入可表示为

$$E[\pi(b, \theta) - s(\pi)] = E[(b + \theta) - (w_1 + \alpha\pi + \beta\pi)]$$
$$= (1 - \alpha)b - w_1 \qquad (3.2)$$

对作为代理人的雇员个体而言,假设其信息安全遵从行为 b 的努力成本为 $c(b) = \frac{1}{2}\gamma b^2$,其中,$\gamma$ 为成本系数,$\gamma > 0$。如果 γ 越大,那么 b 所对应的信息安全遵从行为的努力成本越大。尽管心理收入 $\beta\pi$ 通常是非货币形式的,然而,$\beta\pi$ 却是该雇员个体的另一种重要收益,即对雇员个体而言,$\beta\pi \gg 0$。因此,该雇员个体的实际收入可表示为

$$w_{employee} = s(\pi) - c(b) = w_1 + \alpha\pi + \beta\pi - \frac{1}{2}\gamma b^2 \qquad (3.3)$$

由式 (3.3) 可知，该雇员个体的期望收入为

$$E(w_{employee}) = w_1 + (\alpha + \beta)b - \frac{1}{2}\gamma b^2 \tag{3.4}$$

假设该雇员个体的阿罗—帕拉特绝对风险厌恶度量为 ρ，$\rho>0$，则雇员个体的信息安全遵从行为的风险成本为 $\frac{1}{2}\rho Var[(\alpha+\beta)\pi]$，其中，$Var[(\alpha+\beta)\pi]$ 是 $\alpha\pi+\beta\pi$ 的方差。因此，该雇员个体的确定性等价收入（Certainty Equivalence）可表示为

$$E(w_{employee}) - \frac{1}{2}\rho Var[(\alpha+\beta)\pi] = w_1 + (\alpha+\beta)b - \frac{1}{2}\gamma b^2 - \frac{1}{2}\rho(\alpha+\beta)^2\sigma^2 \tag{3.5}$$

令 $\underline{u}$ 为该雇员个体的保留效用，则可知，该雇员个体的参与约束条件（Participation Constraint）为

$$w_1 + (\alpha+\beta)b - \frac{1}{2}\gamma b^2 - \frac{1}{2}\rho(\alpha+\beta)^2\sigma^2 \geq \underline{u} \tag{3.6}$$

假设该雇员个体将最大化其效用函数，即他/她将选择某个特定的信息安全遵从努力水平 b 以使其确定性等价收入最大化

$$\underset{b}{Max}\left[w_1 + (\alpha+\beta)b - \frac{1}{2}\gamma b^2 - \frac{1}{2}\rho(\alpha+\beta)^2\sigma^2\right] \tag{3.7}$$

由最优化问题的一阶条件可以得到该雇员个体的努力约束条件（Effort Constraint）为

$$b = \frac{\alpha+\beta}{\gamma} \tag{3.8}$$

因此，作为委托人的雇主需要解决的最优化问题可表示为

$$\underset{\alpha,\beta}{Max}[(1-\alpha)b - w_1]$$

s. t. $\quad(i) w_1 + (\alpha+\beta)b - \frac{1}{2}\gamma b^2 - \frac{1}{2}\rho(\alpha+\beta)^2\sigma^2 = \underline{u} \tag{3.9}$

$$(ii) b = \frac{\alpha+\beta}{\gamma}$$

3.2 最优的组合激励契约模型的求解与分析

作为委托人的雇主需计算出最优的 α、β，以提供一份最优契约来从货币与心理这两个方面激励作为代理人的雇员去选择最优的信息安全遵从努力水平。

将上述的参与约束条件与努力约束条件都代入最优化问题的目标函数中后，最优化问题可变换为

$$Max_{\alpha,\beta} \left[\frac{(1-\alpha)(\alpha+\beta)}{\gamma} + \frac{(\alpha+\beta)^2}{2\gamma} - \frac{1}{2}\rho(\alpha+\beta)^2\sigma^2 - \underline{u} \right] \quad (3.10)$$

经计算可得

$$\alpha = \frac{\frac{1}{\gamma} - \rho\sigma^2\beta}{\frac{1}{\gamma} + \rho\sigma^2} \quad (3.11)$$

命题 1 当支付给作为代理人的雇员个体的货币奖励数额为某一常数时，任一水平的心理收入对该雇员的信息安全遵从行为的努力水平均具有正向的激励作用。如果给予该雇员个体的心理收入越高，那么作为委托人的雇主支付给该雇员个体的货币奖励数额就可以越少。

证明 由式（3.11）可推导出 α 对于 β 的导数

$$\frac{d\alpha}{d\beta} = \frac{-\rho\sigma^2}{\frac{1}{\gamma} + \rho\sigma^2} \leqslant 0 \quad (3.12)$$

式（3.12）中包含有等式

$$\frac{d\alpha}{d\beta} = 0 \quad (3.13)$$

式（3.13）表明：当支付给作为代理人的雇员个体的货币奖励数额为常数时，任一水平的心理收入对该雇员的信息安全遵从行为努力水平均具有正向的激励作用。

式（3.12）中还包含有不等式

$$\frac{d\alpha}{d\beta} < 0 \tag{3.14}$$

式（3.14）表明：如果给予作为代理人的雇员个体的心理收入越高，那么作为委托人的雇主付给该雇员的货币奖励数额就可以越小。

命题 2 如果作为委托人的雇主给予作为代理人的雇员个体的心理收入越大，那么该雇员的信息安全遵从行为的努力水平就会越高。

证明 由式（3.8）与（3.11）可推导出 b 对于 β 的导数

$$\frac{db}{d\beta} = \frac{1}{\gamma(1 + \gamma\rho\sigma^2)} > 0 \tag{3.15}$$

式（3.15）表明：如果雇主给予作为代理人的雇员个体的心理收入越大，那么该雇员的信息安全遵从行为的努力水平就会越高。

3.3 本章小结

在本章中，作者提出了一种信息安全遵从行为正式控制机制：心理收入与货币奖励对信息安全遵从行为的组合激励机制。鉴于在雇员个体去完成雇主所委派的信息安全遵从任务的过程中存在着信息不对称问题及道德风险问题，因此，从雇主的立场出发设计了一份包含货币奖励与心理收入的最优激励契约，以期这份契约能够促使雇员选择最优的信息安全遵从努力水平。基于研究假设，通过求解和分析所提出的契约模型，从数学上证明了如下所述的三个研究结论。

①如果给予作为代理人的雇员个体的心理收入越高，那么作为委托人的雇主支付给该雇员个体的货币奖励数额可以越少。

②当支付给作为代理人的雇员个体的货币奖励数额为某一常数时，任一水平的心理收入对该雇员的信息安全遵从努力水平均具有正向的激励作用。

③如果给予作为代理人的雇员个体的心理收入越大，那么该雇员的信息安全遵从努力水平将越高。

第4章 信息安全遵从行为与本职工作行为的最优关联激励机制

本章将设计和分析一种新的正式控制机制：信息安全遵从行为与本职工作行为的最优关联激励机制。

相关调查研究表明，内部雇员不遵从信息安全制度的行为会严重地损害其组织的声誉、资产及竞争力。因此，有必要对信息安全遵从行为问题进行深入研究。相关实证研究工作已探索了惩罚的确定性与严重性、组织文化及安全意识等因素对信息安全遵从行为意图的影响作用。

作者认为，在研究信息安全遵从行为问题的过程中，还必须考虑到一种双任务情境：由于雇员的本职工作通常必须利用组织的信息系统来完成，因此，雇员的本职工作任务往往是与信息安全遵从任务联系在一起的。在雇员同期执行信息安全遵从任务和本职工作任务的过程中，虽然雇主期望该雇员为这两个不同的任务都分配以适当的努力水平，但该雇员往往会将自己的精力、时间和知识等更多地用于本职工作任务的执行过程中，并表现出规避信息安全制度的不遵从行为。这就是雇员个体同期执行多项任务的过程中可能会出现任务失谐问题（Task Dissonance）。任务失谐问题是指雇员对分别对应于不同任务的各期望收益之间的冲突程度的认知失调现象。例如，在信息安全制度规定雇员必须收发加密电子邮件的情况下，雇员有可能会认为：收发加密电子邮件过程中的烦琐的加密与解密步骤加重了其工作负荷，也干扰了其本职工作任务的完成进度。因此，该雇员就有可能不遵从关于收发加密电子邮件的信息安全制度规定。

已有一些学者从经济学的视角上研究了上述这个问题。例如，Beautement等提出了遵从预算（Compliance Dudget）的概念，以期从雇员所感知到的遵从收益与遵从成本两者的均衡点上来理解和管理该雇员的信息安全遵从行为；Holmstrom 与 Milgrom 指出，在同期内被执行的多个任务之间可能存在着成本替代问题（Cost Substitution）。成本替代问题的存在也有可能造成雇员将过多的精力用于其本职工作任务，而忽视本应在同期内去完成的信息安全遵从任务。作者认为，雇员个体的信息安全遵从行为与其本职工作行为的最优关联激励机制问题是一个值得研究的具体问题。

为了设计出最优关联激励机制，有必要先对信息安全遵从任务和本职工作任务的结构特征（Task Structure）进行论述。考虑到信息安全制度各项条款的明确性与有序性，作者认为，信息安全遵从任务的结构化程度是比较高的。相关的已有研究工作指出，雇员在执行结构化程度较高任务的过程中的心理状态会消极地影响该雇员的工作投入程度（Job Involvement）及组织承诺（Organizational Commitment）等。据此可以推断，如果信息安全遵从任务的结构化程度越高，那么雇员个体的信息安全遵从绩效就会越差。

另有一些相关研究工作提出，结构化程度比较高的任务与雇员个体对任务执行细节的调度排程的强调（或重视）偏好（Preferenceof Emphasis on Scheduling）是相互匹配的，且雇员个体对任务执行细节的调度排程的重视可以调节较高的任务结构化程度所造成的负面影响作用，即当某一任务的结构化程度越高时，雇员个体越重视该任务的全部执行细节的时序性，那么较高的任务结构化程度对此雇员的任务完成绩效的负面影响就会越小。这种强调偏好也是雇员个体层次上的时间维度上的一种心理取向（The Temporal Orientation）。该心理取向是指雇员个体根据自己的时间观（The Temporal Sense）对任务执行细节进行调度排程。鉴于经典的委托人—代理人理论在其本质上并没有考量人类行为的时间观的影响作用，本书拟将表示该时间观的变量引入多任务委托人—代理人理论，并设计和分析一种新的正式控制机制：信息安全遵从行为和本职工作行为的最优关联激励机制。在下文，作者将对其进行详细的阐述。

4.1 最优关联激励契约模型的设计

首先,做出如下所述的若干研究假设。

假设1 在某一特定的有限时期内,一位雇主(委托人)委派一位雇员个体(代理人)在同期内从事两项不同的任务:本职工作任务与信息安全遵从任务。

假设2 该雇员个体所承担的本职工作任务和信息安全遵从任务的结构化程度都比较高。

假设3 该雇员个体的二维努力向量为 $e = \begin{pmatrix} e_1 \\ e_2 \end{pmatrix}$,其中,$e_1$ 是其在本职工作任务上付出的努力水平,e_2 是其在信息安全遵从任务上的努力水平。假设该雇员对这两个努力水平的选择是一次性的,并且,该雇员了解自己在这两个任务上所分别付出的真实努力水平,但雇主不能低成本地观测这两个努力水平。

假设4 该雇员在这两个任务上的二维产出向量 $o = \begin{pmatrix} o_1 \\ o_2 \end{pmatrix}$ 是可观测的。如果该雇员对每个任务的全部执行细节的时序性的强调程度越高,那么该雇员在每个任务上的产出就越大。因此,可设定 $o_1 = p_1 e_1 + \theta_1$,$o_2 = p_2 e_2 + \theta_2$。其中,时间观变量 p_1 表示该雇员对其本职工作任务执行细节的时序性的强调程度,$0 \leq p_1 \leq 1$;时间观变量 p_2 表示该雇员对信息安全遵从任务执行细节的时序性的强调程度,$0 \leq p_2 \leq 1$。θ_1 是与本职工作任务相关的外部不确定性因素。θ_1 是数学期望为零且方差为 σ_1^2 的正态分布随机变量。θ_2 是与信息安全遵从任务相关的外部不确定性因素。θ_2 是数学期望为零且方差为 σ_2^2 的正态分布随机变量。例如,θ_1 和 θ_2 可以分别表示这两个任务各自的绩效评估方法的有效性。

令随机努力向量 $\theta = \begin{pmatrix} \theta_1 \\ \theta_2 \end{pmatrix}$,$\theta$ 的数学期望为零且协方差矩阵为 Σ 的正态分布随

机向量，$\Sigma = \begin{pmatrix} \sigma_1^2 & 0 \\ 0 & \sigma_2^2 \end{pmatrix}$。假设 o_1 与 o_2 的分布函数都满足一阶随机占优条件（The First-order Stochastic Dominance Condition）。这意味着，如果该雇员的本职工作努力水平与信息安全遵从努力水平越高，那么该雇员在这两个任务上的产出会越高，从而对其雇主越有利。

假设 5 假设雇主是风险中性的，而雇员个体是风险规避的。

假设 6 该雇员在这两个任务上的努力成本为严格递增的凸函数 $C(e) = \frac{1}{2}C_{11}e_1^2 + C_{12}e_1e_2 + \frac{1}{2}C_{22}e_2^2$，$C(e)$ 可等价于货币成本。可得 $C_{11} = \frac{\partial^2 C(e)}{\partial e_1^2}$，$C_{12} = \frac{\partial^2 C(e)}{\partial e_1 e_2}$，$C_{22} = \frac{\partial^2 C(e)}{\partial e_2^2}$。

基于上述假设可知，e 所对应的总收益为

$$B(e) = o_1 + o_2 = p_1 e_1 + p_2 e_2 + \theta_1 + \theta_2 \tag{4.1}$$

$B(e)$ 的所有权归属于作为委托人的雇主。为了激励雇员个体既努力完成其本职工作又努力遵从信息安全制度，雇主可以设计一份关联激励契约

$$s(o) = \beta_1 + \gamma^T o = \beta_1 + \gamma_1 o_1 + \gamma_2 o_2 = \beta_1 + \gamma_1(p_1 e_1 + \theta_1) + \gamma_2(p_2 e_2 + \theta_2) \tag{4.2}$$

其中，β_1 为雇员个体可获得的一份固定收入。β_1 与 o 无关，β_1 由作为代理人的雇员个体的保留效用 $\overline{u}_1$ 确定。激励强度系数 γ_1 与 γ_2 为雇员个体可获得的产出分成比例，即若产出 o_1 与 o_2 分别每增加一个单位，该雇员所获得的报酬将分别增加 γ_1 与 γ_2 个单位。$\gamma = \begin{pmatrix} \gamma_1 \\ \gamma_2 \end{pmatrix}$，$\gamma^T = (\gamma_1, \gamma_2)$，右上标 T 表示矩阵转置运算。由此可知，雇主的净收益为

$$B(e) - s(o) = (p_1 e_1 + p_2 e_2 + \theta_1 + \theta_2) - [\beta_1 + \gamma_1(p_1 e_1 + \theta_1) + \gamma_2(p_2 e_2 + \theta_2)] \tag{4.3}$$

因此，雇主的期望收益为

$$E[B(e) - s(o)] = (1 - \gamma_1)p_1 e_1 + (1 - \gamma_2)p_2 e_2 - \beta_1 \tag{4.4}$$

雇员个体的确定性等价收入为

$$E[s(o) - C(e)] - \left(\frac{1}{2}\eta_1\gamma^T \sum \gamma\right)$$

$$= (\beta_1 + \gamma_1 p_1 e_1 + \gamma_2 p_2 e_2) - \left(\frac{1}{2}C_{11}e_1^2 + C_{12}e_1 e_2 + \frac{1}{2}C_{22}e_2^2\right)$$

$$- \left(\frac{1}{2}\eta_1\gamma_1^2\sigma_1^2 + \frac{1}{2}\eta_1\gamma_2^2\sigma_2^2\right) \tag{4.5}$$

其中，$E[s(x)-C(e)]$ 表示 $s(o)-C(e)$ 的数学期望，$\frac{1}{2}\eta_1\gamma^T \sum \gamma = \frac{1}{2}\eta_1\gamma_1^2\sigma_1^2 + \frac{1}{2}\eta_1\gamma_2^2\sigma_2^2$ 是该雇员个体的风险成本，η_1 是该雇员的效用函数的风险规避测度。因为雇员是风险规避的，所以 $\eta_1 > 0$。

如果雇员个体的确定性等价收入小于其保留收益 $\bar{u}_1$，那么该雇员将不愿接受雇主所提出的契约。因此，该雇员的个人理性约束条件（Individual Rationality Constraint）为

$$(\beta_1 + \gamma_1 p_1 e_1 + \gamma_2 p_2 e_2) - \left(\frac{1}{2}C_{11}e_1^2 + C_{12}e_1 e_2 + \frac{1}{2}C_{22}e_2^2\right)$$

$$- \left(\frac{1}{2}\eta_1\gamma_1^2\sigma_1^2 + \frac{1}{2}\eta_1\gamma_2^2\sigma_2^2\right) \geqslant \bar{u}_1 \tag{4.6}$$

可推知，该雇员个体的激励相容条件（Incentive Compatibility Constraint）为

$$(e_1, e_2) \in \text{Argmax}\left[(\beta_1 + \gamma_1 p_1 e_1 + \gamma_2 p_2 e_2) - \right.$$

$$\left.\left(\frac{1}{2}C_{11}e_1^2 + C_{12}e_1 e_2 + \frac{1}{2}C_{22}e_2^2\right) - \left(\frac{1}{2}\eta_1\gamma_1^2\sigma_1^2 + \frac{1}{2}\eta_1\gamma_2^2\sigma_2^2\right)\right] \tag{4.7}$$

综上所述，可以得到最优的关联激励契约模型

$$Max_{\beta_1, \gamma_1, \gamma_2}[(1-\gamma_1)p_1 e_1 + (1-\gamma_2)p_2 e_2 - \beta_1]$$

s.t.

$$(i)\left[(\beta_1 + \gamma_1 p_1 e_1 + \gamma_2 p_2 e_2) - \left(\frac{1}{2}C_{11}e_1^2 + C_{12}e_1 e_2 + \frac{1}{2}C_{22}e_2^2\right)\right] -$$

$$\left(\frac{1}{2}\eta_1\gamma_1^2\sigma_1^2 + \frac{1}{2}\eta_1\gamma_2^2\sigma_2^2\right) \geqslant \bar{u}_1,$$

$$(ii)(e_1, e_2) \in \mathrm{Argmax} \left[(\beta_1 + \gamma_1 p_1 e_1 + \gamma_2 p_2 e_2) - \right.$$
$$\left. \left(\frac{1}{2} C_{11} e_1^2 + C_{12} e_1 e_2 + \frac{1}{2} C_{22} e_2^2 \right) \right] - \left(\frac{1}{2} \eta_1 \gamma_1^2 \sigma_1^2 + \frac{1}{2} \eta_1 \gamma_2^2 \sigma_2^2 \right) \quad (4.8)$$

4.2 最优关联激励契约模型的求解与分析

本节将首先证明两个时间观变量 p_1 与 p_2 对两个激励强度系数 γ_1 与 γ_2 的关联影响的存在性。然后，给出相应的最优激励强度与最优激励策略。

命题 在上述假设下，雇主对雇员个体的本职工作行为最优的（或适当的）激励强度应为

$$\gamma_1 = \frac{(C_{22}p_1^2 - C_{12}p_1p_2)[C_{11}p_2^2 + (C_{11}C_{22} - C_{12}^2)\eta_1\sigma_2^2] + (C_{12}p_1p_2)(C_{11}p_2^2 - C_{12}p_1p_2)}{[C_{22}p_1^2 + (C_{11}C_{22} - C_{12}^2)\eta_1\sigma_1^2][C_{11}p_2^2 + (C_{11}C_{22} - C_{12}^2)\eta_1\sigma_2^2] - (C_{12}p_1p_2)^2}$$

且雇主对雇员个体的信息安全遵从行为的最优的激励强度应为

$$\gamma_2 = \frac{(C_{11}p_2^2 - C_{12}p_1p_2)[C_{22}p_1^2 + (C_{11}C_{22} - C_{12}^2)\eta_1\sigma_1^2] + (C_{12}p_1p_2)(C_{22}p_1^2 - C_{12}p_1p_2)}{[C_{22}p_1^2 + (C_{11}C_{22} - C_{12}^2)\eta_1\sigma_1^2][C_{11}p_2^2 + (C_{11}C_{22} - C_{12}^2)\eta_1\sigma_2^2] - (C_{12}p_1p_2)^2}$$

证明 对于作为委托人的雇主而言，在最优的情况下，关联激励契约模型的个人理性约束条件中的等式关系成立，即

$$\left[(\beta_1 + \gamma_1 p_1 e_1 + \gamma_2 p_2 e_2) - \left(\frac{1}{2} C_{11} e_1^2 + C_{12} e_1 e_2 + \frac{1}{2} C_{22} e_2^2 \right) \right]$$
$$- \left(\frac{1}{2} \eta_1 \gamma_1^2 \sigma_1^2 + \frac{1}{2} \eta_1 \gamma_2^2 \sigma_2^2 \right)$$
$$= \bar{u}_1 \quad (4.9)$$

可推知

$$\beta_1 = \bar{u}_1 - (\gamma_1 p_1 e_1 + \gamma_2 p_2 e_2) + \left(\frac{1}{2} C_{11} e_1^2 + C_{12} e_1 e_2 + \frac{1}{2} C_{22} e_2^2 \right)$$
$$+ \left(\frac{1}{2} \eta_1 \gamma_1^2 \sigma_1^2 + \frac{1}{2} \eta_1 \gamma_2^2 \sigma_2^2 \right) \quad (4.10)$$

将式（4.10）代入式（4.4），雇主的期望收益可表示为

$$E[B(e) - s(x)] = (p_1e_1 + p_2e_2) - \left[\bar{u}_1 - (\gamma_1p_1e_1 + \gamma_2p_2e_2) + \right.$$
$$\left. \left(\frac{1}{2}C_{11}e_1^2 + C_{12}e_1e_2 + \frac{1}{2}C_{22}e_2^2\right) + \left(\frac{1}{2}\eta_1\gamma_1^2\sigma_1^2 + \frac{1}{2}\eta_1\gamma_2^2\sigma_2^2\right)\right]$$
$$- (\gamma_1p_1e_1 + \gamma_2p_2e_2)$$
$$= (p_1e_1 + p_2e_2) - \bar{u}_1 - \left(\frac{1}{2}C_{11}e_1^2 + C_{12}e_1e_2 + \frac{1}{2}C_{22}e_2^2\right)$$
$$- \left(\frac{1}{2}\eta_1\gamma_1^2\sigma_1^2 + \frac{1}{2}\eta_1\gamma_2^2\sigma_2^2\right) \tag{4.11}$$

进而可将雇主的期望收益表示为

$$E[B(e) - s(x)] = (p_1p_2)\begin{pmatrix}e_1\\e_2\end{pmatrix} - \bar{u}_1 - \frac{1}{2}(e_1e_2)\begin{pmatrix}C_{11} & C_{12}\\C_{12} & C_{22}\end{pmatrix}$$
$$\begin{pmatrix}e_1\\e_2\end{pmatrix} - \frac{1}{2}\eta_1(\gamma_1\gamma_2)\begin{pmatrix}\sigma_1^2 & 0\\0 & \sigma_2^2\end{pmatrix}\begin{pmatrix}\gamma_1\\\gamma_2\end{pmatrix} \tag{4.12}$$

假设矩阵 $\begin{pmatrix}C_{11} & C_{12}\\C_{12} & C_{22}\end{pmatrix}$ 可逆，根据激励相容约束［即式（4.7）］的一阶条件，可得

$$\begin{pmatrix}e_1\\e_2\end{pmatrix} = \begin{pmatrix}C_{11} & C_{12}\\C_{12} & C_{22}\end{pmatrix}^{-1}\begin{pmatrix}\gamma_1p_1\\\gamma_2p_2\end{pmatrix} \tag{4.13}$$

将（4.13）式代入（4.12），可知雇主的期望收益为

$$E[B(e) - s(x)] =$$
$$(p_1p_2)\begin{pmatrix}C_{11} & C_{12}\\C_{12} & C_{22}\end{pmatrix}^{-1}\begin{pmatrix}\gamma_1p_1\\\gamma_2p_2\end{pmatrix} - \bar{u}_1 - \frac{1}{2}(\gamma_1p_1\gamma_2p_2)$$
$$\begin{pmatrix}C_{11} & C_{12}\\C_{12} & C_{22}\end{pmatrix}^{-1}\begin{pmatrix}\gamma_1p_1\\\gamma_2p_2\end{pmatrix} - \frac{1}{2}\eta_1(\gamma_1\gamma_2)\begin{pmatrix}\sigma_1^2 & 0\\0 & \sigma_2^2\end{pmatrix}\begin{pmatrix}\gamma_1\\\gamma_2\end{pmatrix} \tag{4.14}$$

因此，目标函数

$$Max_{\beta,\gamma_1,\gamma_2}[(1-\gamma_1)p_1e_1 + (1-\gamma_2)p_2e_2 - \beta_1]$$

又可被表示为

$$Max_{\gamma_1, \gamma_2} \left[(p_1 p_2) \begin{pmatrix} C_{11} & C_{12} \\ C_{12} & C_{22} \end{pmatrix}^{-1} \begin{pmatrix} \gamma_1 p_1 \\ \gamma_2 p_2 \end{pmatrix} - \bar{u}_1 - \frac{1}{2}(\gamma_1 p_1 \gamma_2 p_2) \right.$$

$$\left. \begin{pmatrix} C_{11} & C_{12} \\ C_{12} & C_{22} \end{pmatrix}^{-1} \begin{pmatrix} \gamma_1 p_1 \\ \gamma_2 p_2 \end{pmatrix} - \frac{1}{2} \eta_1 (\gamma_1 \gamma_2) \begin{pmatrix} \sigma_1^2 & 0 \\ 0 & \sigma_2^2 \end{pmatrix} \begin{pmatrix} \gamma_1 \\ \gamma_2 \end{pmatrix} \right] \quad (4.15)$$

经计算得知，上述最优化问题的一阶条件为

$$C_{22} p_1^2 - C_{12} p_1 p_2 + C_{12} p_1 p_2 \gamma_2 - C_{22} p_1^2 \gamma_1 - (C_{11} C_{22} - C_{12}^2) \eta_1 \sigma_1^2 \gamma_1 = 0 \quad (4.16)$$

$$C_{11} p_2^2 - C_{12} p_1 p_2 + C_{12} p_1 p_2 \gamma_1 - C_{11} p_2^2 \gamma_2 - (C_{11} C_{22} - C_{12}^2) \eta_1 \sigma_2^2 \gamma_2 = 0 \quad (4.17)$$

由式（4.16）与式（4.17）可得

$$\gamma_1 = \frac{(C_{22} p_1^2 - C_{12} p_1 p_2)[C_{11} p_2^2 + (C_{11} C_{22} - C_{12}^2) \eta_1 \sigma_2^2] + (C_{12} p_1 p_2)(C_{11} p_2^2 - C_{12} p_1 p_2)}{[C_{22} p_1^2 + (C_{11} C_{22} - C_{12}^2) \eta_1 \sigma_1^2][C_{11} p_2^2 + (C_{11} C_{22} - C_{12}^2) \eta_1 \sigma_2^2] - (C_{12} p_1 p_2)^2}$$

$$(4.18)$$

$$\gamma_2 = \frac{(C_{11} p_2^2 - C_{12} p_1 p_2)[C_{22} p_1^2 + (C_{11} C_{22} - C_{12}^2) \eta_1 \sigma_1^2] + (C_{12} p_1 p_2)(C_{22} p_1^2 - C_{12} p_1 p_2)}{[C_{22} p_1^2 + (C_{11} C_{22} - C_{12}^2) \eta_1 \sigma_1^2][C_{11} p_2^2 + (C_{11} C_{22} - C_{12}^2) \eta_1 \sigma_2^2] - (C_{12} p_1 p_2)^2}$$

$$(4.19)$$

前述命题表明，两个时间观变量对分别对应于本职工作行为和信息安全遵从行为的最优激励强度的关联影响是可能存在的。

依据式（4.18）与式（4.19），对雇员个体的本职工作行为与信息安全遵从行为的最优关联激励机制进行如下分析。

1）当本职工作行为的努力成本与信息安全遵从行为的努力成本是相互独立关系时（即当 $C_{12}=0$ 时），根据本职工作任务与信息安全遵从任务各自产出结果的可测度性，可分如下四种不同的情况来分析雇员个体对任务执行细节调度排程（即时序性）的强调程度具体如何影响激励强度、激励策略。

第一种情况如下。

结论 1 当本职工作行为的努力成本与信息安全遵从行为的努力成本是相互独立关系时，且在本职工作任务的产出结果和信息安全遵从任务的产出结果都不可测度的情况下，雇主对雇员个体的本职工作行为与信息安全遵从行为皆不宜实施激励。

证明 如果本职工作行为的努力成本与信息安全遵从行为的努力成本是相互独立关系,且雇员个体的本职工作任务的产出结果和其信息安全遵从任务的产出结果都不可测度,那么这意味着 $C_{12}=0$、$\sigma_1^2 \to \infty$、$\sigma_2^2 \to \infty$ 同时成立,进而可得激励强度系数

$$\begin{cases} \gamma_1 = 0 \\ \gamma_2 = 0 \end{cases}$$

因此,此种情况下的最优激励策略应为:雇主对雇员的本职工作行为与信息安全遵从行为皆不实施激励。

第二种情况如下。

结论2 当本职工作行为的努力成本与信息安全遵从行为的努力成本是相互独立关系时,且在本职工作任务的产出结果可测度,但信息安全遵从任务的产出结果不可测度的情况下,雇主需要对雇员个体的本职工作行为予以激励,最优激励强度为 $\gamma_1 = \dfrac{1}{1+C_{11}\eta_1\sigma_1^2/p_1^2}$;而对信息安全遵从行为不进行激励。雇员对其本职工作任务执行细节的调度排程的强调程度将影响雇主对该雇员的本职工作行为的激励强度与激励策略的选择。

证明 如果本职工作行为的努力成本与信息安全遵从行为的努力成本是相互独立关系,且本职工作任务的产出结果可测度,而信息安全遵从任务的产出结果不可测度时,那么就意味着 $C_{12}=0$、σ_1^2 为有限值、$\sigma_2^2 \to \infty$ 同时成立,进而可得激励强度系数

$$\begin{cases} \gamma_1 = \dfrac{1}{1+C_{11}\eta_1\sigma_1^2/p_1^2} \\ \gamma_2 = 0 \end{cases}$$

可知,在此种情况下,作为委托人的雇主的最优激励策略为:按照最优激励强度 γ_1 对雇员的本职工作行为进行激励;而对信息安全遵从行为不实施激励。此时,时间观变量 p_1 将影响雇主对该雇员的本职工作行为所实施的最优激励强度 γ_1。使用表4-1中的算例1对 γ_1 与 p_1 的关系进行了数值模拟,模

拟结果如图 4-1（a）所示。

表 4-1 三个算例（当 $C_{12}=0$ 时）

算例	赋值	激励强度系数
算例 1	$C_{11}=0$, $\eta_1=0.5$, $\sigma_1^2=1$, $0 \leqslant p_1 \leqslant 1$	$\gamma_1 = \dfrac{1}{1+0.25/p_1^2}$, $\gamma_2 = 0$
算例 2	$C_{22}=0.8$, $\eta_1=0.5$, $\sigma_2^2=10$, $0 \leqslant p_2 \leqslant 1$	$\gamma_1 = 0$, $\gamma_2 = \dfrac{1}{1+4/p_2^2}$
算例 3	$C_{11}=0.5$, $C_{22}=0.9$, $\eta_1=0.5$, $\sigma_1^2=1$, $\sigma_2^2=10$, $0 \leqslant p_1 \leqslant 1$, $0 \leqslant p_2 \leqslant 1$	$\gamma_1 = \dfrac{p_1^2}{p_1^2+0.25}$, $\gamma_2 = \dfrac{p_2^2}{p_2^2+4.5}$

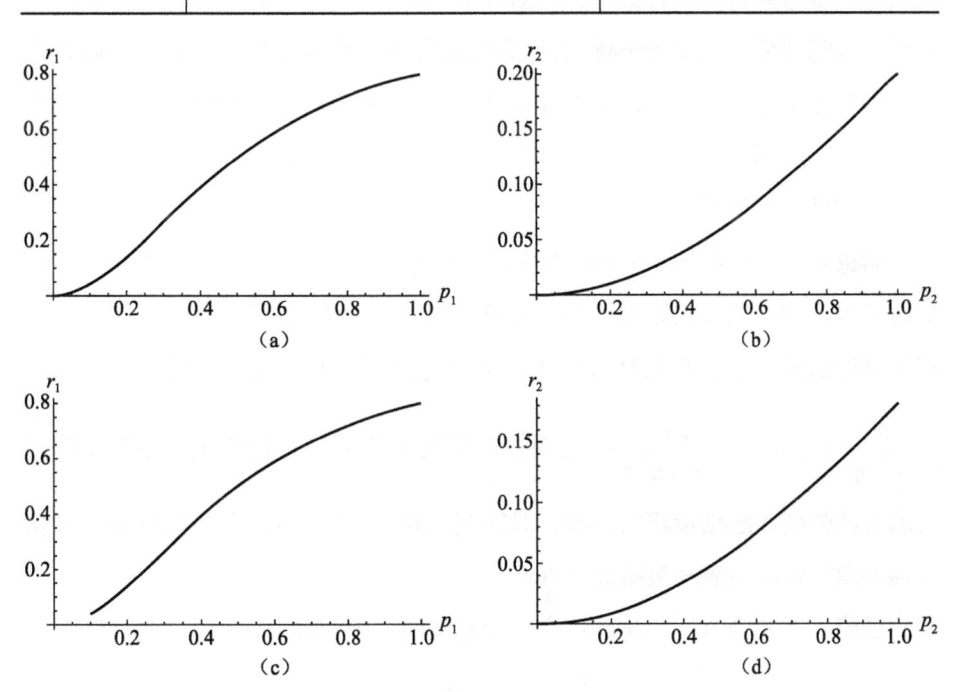

图 4-1 时间观变量与激励强度系数之间的关联关系的数值模拟结果（一）

第三种情况如下。

结论 3 当雇员个体的本职工作行为的努力成本与其信息安全遵从行为的努力成本是相互独立关系时，且在本职工作任务的产出不可测度，但其信息

· 65 ·

安全遵从任务的产出可测度的情况下，雇主需要对信息安全遵从行为予以激励，最优激励强度为 $\gamma_2 = \dfrac{1}{1+C_{22}\eta_1\sigma_2^2/p_2^2}$；而对雇员的本职工作行为不宜进行激励。此时，该时间观变量 p_2 将影响雇主对信息安全遵从行为的激励策略与激励强度的选择。

证明 如果 $C_{12}=0$，$\sigma_1^2 \to \infty$，σ_2^2 为有限值，那么可得

$$\begin{cases} \gamma_1 = 0 \\ \gamma_2 = \dfrac{1}{1+C_{22}\eta_1\sigma_2^2/p_2^2} \end{cases}$$

可见，此种情况下的最优激励策略为：雇主按照最优激励强度 γ_2 对雇员的信息安全遵从行为进行激励，且对雇员的本职工作行为不采用激励的方法。此时，时间观变量 p_2 将影响雇主对信息安全遵从行为所施加的最优激励强度 γ_2。作者使用表 4-1 中的算例 2 对 γ_2 与 p_2 的关系进行了数值模拟，模拟结果如图 4-1（b）所示。

第四种情况如下。

结论 4 当雇员个体的本职工作行为的努力成本与其信息安全遵从行为的努力成本是相互独立关系时，且在本职工作任务及信息安全遵从任务的产出都可测度的情况下，雇主对这两种行为都应进行激励。最优激励强度为 $\gamma_1 = \dfrac{p_1^2}{p_1^2+C_{11}\eta_1\sigma_1^2}$，$\gamma_2 = \dfrac{p_2^2}{p_2^2+C_{22}\eta_1\sigma_2^2}$。此时，时间观变量 p_1 将影响雇主对本职工作行为的激励强度和激励策略的选择；时间观变量 p_2 将影响雇主对信息安全遵从行为的激励强度与激励策略的选择。

证明 若 $C_{12}=0$，且 σ_1^2 与 σ_2^2 都为有限值，则可得

$$\begin{cases} \gamma_1 = \dfrac{p_1^2}{p_1^2 + C_{11}\eta_1\sigma_1^2} \\ \gamma_2 = \dfrac{p_2^2}{p_2^2 + C_{22}\eta_1\sigma_2^2} \end{cases}$$

可见，此种情况下的最优激励策略为：雇主按照最优激励强度 γ_1 与 γ_2 分

别对本职工作行为与信息安全遵从行为进行激励。此时，时间观变量 p_1 将影响激励强度 γ_1，且时间观变量 p_2 将影响激励强度 γ_2。作者使用表 4-1 中的算例 3 对 γ_1 与 p_1、γ_2 与 p_2 之间的关系进行了数值模拟，模拟结果如图 4-1（c）与图 4-1（d）所示。

2）当本职工作任务的努力成本与信息安全遵从任务的努力成本是互补关系时（即当 $C_{12}<0$ 时），根据本职工作任务与信息安全遵从任务各自产出结果的可测度性，可分如下四种不同的情况来分析雇员个体对任务执行细节的调度排程（即时序性）的强调程度具体如何影响激励强度、激励策略。

第一种情况如下。

结论 5 当雇员个体的本职工作行为的努力成本与其信息安全遵从行为的努力成本之间是互补关系时，且在本职工作任务和信息安全遵从任务的产出结果都不可测度的情况下，雇主对该雇员的本职工作行为与信息安全遵从行为皆不宜进行激励。

证明 如果 $C_{12}<0$，$\sigma_1^2 \to \infty$，$\sigma_2^2 \to \infty$，则可得激励强度系数

$$\begin{cases} \gamma_1 = 0 \\ \gamma_2 = 0 \end{cases}$$

因此，此种情况下的激励策略应为：雇主对本职工作行为与信息安全遵从行为皆不实施激励。

第二种情况如下。

结论 6 当雇员个体的本职工作行为的努力成本与其信息安全遵从行为的努力成本两者是互补关系时，且在本职工作任务的产出是可测度的，但其信息安全遵从任务的产出不可测度的情况下，雇主需要对雇员的本职工作行为予以激励，最优激励强度为 $\gamma_1 = \dfrac{C_{22}p_1^2 - C_{12}p_1p_2}{C_{22}p_1^2 + (C_{11}C_{22} - C_{12}^2)\eta_1\sigma_1^2}$；但雇主对雇员的信息安全遵从行为不宜采用激励的方法。此时，两个时间观变量 p_1 与 p_2 将共同影响雇主对本职工作行为的激励强度的选择。

证明 如果 $C_{12}<0$，σ_1^2 为有限值，$\sigma_2^2 \to \infty$，那么可得

$$\gamma_1 = \frac{C_{22}p_1^2 - C_{12}p_1p_2}{C_{22}p_1^2 + (C_{11}C_{22} - C_{12}^2)\eta_1\sigma_1^2}$$

$$\gamma_2 = 0$$

因为 $C_{12}<0$，所以 γ_1 会随着 C_{12} 的减小而增大。因此，此种情况下的激励策略为：雇主应增大对雇员的本职工作行为的激励程度，且对信息安全遵从行为不进行激励。此时，两个时间观变量 p_1 与 p_2 关联影响最优激励强度 γ_1。使用表4-2中的算例4对 γ_1 与 p_1、p_2 之间的关系进行了数值模拟，模拟结果如图4-2（a）所示。需要指出的是，在对 γ_1（或 γ_2）与 p_1、p_2 的关系进行数值模拟的过程中，作者发现了一个问题：数值模拟图形中会出现"局部断裂"的现象。在本书中，暂不对此问题进行更深入研究。

表4-2 三个算例（当 $C_{12}<0$ 时）

算例	赋值	激励强度系数
算例4	$C_{11}=0.5$，$C_{12}=-0.7$，$C_{22}=0.5$，$\eta_1=0.5$，$\sigma_1^2=1$，$0\leq p_1\leq 1$，$0\leq p_2\leq 1$	$\gamma_1=\dfrac{0.5p_1^2+0.7p_1p_2}{0.5p_1^2-0.12}$，$\gamma_2=0$
算例5	$C_{11}=0.5$，$C_{12}=-0.7$，$C_{22}=0.5$，$\eta_1=0.5$，$\sigma_2^2=0.5$，$0\leq p_1\leq 1$，$0\leq p_2\leq 1$	$\gamma_1=0$，$\gamma_2=\dfrac{0.5p_2^2+0.7p_1p_2}{0.5p_2^2-0.06}$
算例6	$C_{11}=0.5$，$C_{12}=-0.7$，$C_{22}=0.5$，$\eta_1=0.5$，$\sigma_1^2=1$，$\sigma_2^2=0.5$，$0\leq p_1\leq 1$，$0\leq p_2\leq 1$	$\gamma_1=\begin{bmatrix}(0.5p_1^2+0.7p_1p_2)(0.5p_2^2-0.06)-\\(0.7p_1p_2)(0.5p_2^2+0.7p_1p_2)\end{bmatrix}\Big/\begin{bmatrix}(0.5p_1^2-0.12)(0.5p_2^2-0.06)-\\(0.7p_1p_2)^2\end{bmatrix}$，$\gamma_2=\begin{bmatrix}(0.5p_2^2+0.7p_1p_2)(0.5p_1^2-0.12)-\\(0.7p_1p_2)(0.5p_1^2+0.7p_1p_2)\end{bmatrix}\Big/\begin{bmatrix}(0.5p_1^2-0.12)(0.5p_2^2-0.06)-\\(0.7p_1p_2)^2\end{bmatrix}$

第三种情况如下。

结论7 当本职工作行为的努力成本与信息安全遵从行为的努力成本两者是互补关系时，且在本职工作任务的产出不可测度，但信息安全遵从任务的产出可测度的情况下，雇主需要对雇员的信息安全遵从行为予以激励，最优激励强度为 $\gamma_2=\dfrac{C_{11}p_2^2-C_{12}p_1p_2}{C_{11}p_2^2+(C_{11}C_{22}-C_{12}^2)\eta_1\sigma_2^2}$；而对本职工作行为不宜采用激励的方法。此时，两个时间观变量 p_1 与 p_2 将共同影响雇主对信息安全遵从行为的激励强度的选择。

证明 如果 $C_{12}<0$，$\sigma_1^2 \to \infty$，σ_2^2 为有限值，那么可得

$$\begin{cases} \gamma_1 = 0 \\ \gamma_2 = \dfrac{C_{11}p_2^2 - C_{12}p_1p_2}{C_{11}p_2^2 + (C_{11}C_{22} - C_{12}^2)\eta_1\sigma_2^2} \end{cases}$$

因为 $C_{12}<0$，所以 γ_2 随着 C_{12} 的值的减小而增大。由此可知，此种情况下的激励策略为：雇主应增大对信息安全遵从行为的激励程度，且对本职工作行为不进行激励。此时，两个时间观变量 p_1 与 p_2 关联影响对信息安全遵从行为所实施的最优激励强度 γ_2。使用表 4-2 中的算例 5 对 γ_2 与 p_1、p_2 之间的关系进行了数值模拟，模拟结果如图 4-2（b）所示。

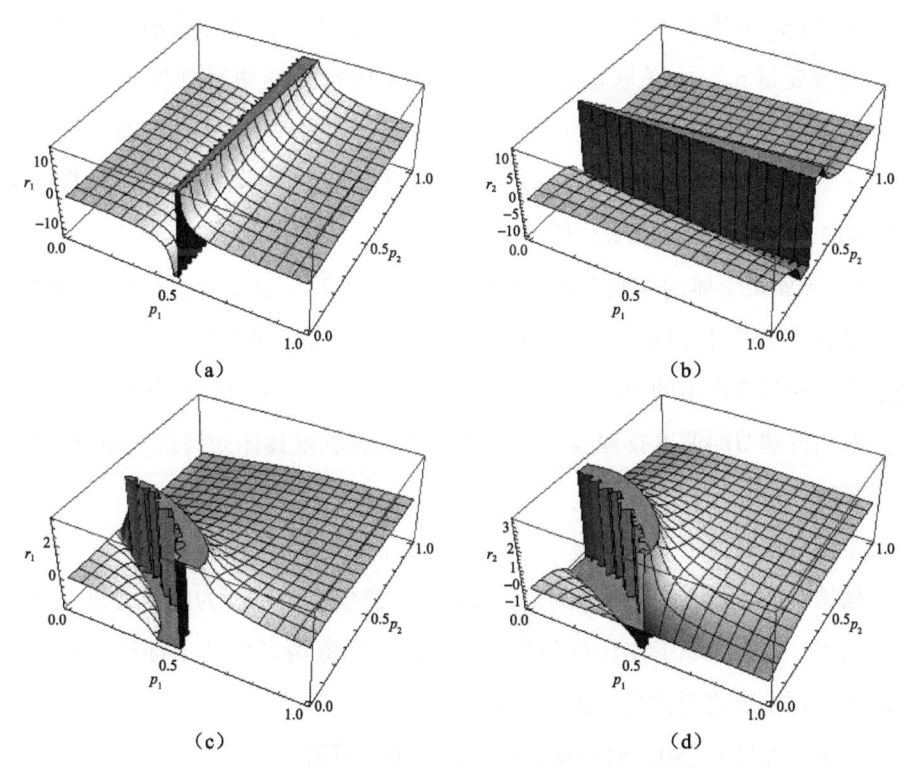

图 4-2　时间观变量与激励强度系数之间的关联关系的数值模拟结果（二）

第四种情况如下。

结论 8　当本职工作行为的努力成本与信息安全遵从行为的努力成本两者

是互补关系时，且在本职工作任务的产出与信息安全遵从任务的产出都可测度的情况下，雇主对该雇员的这两种行为都应实施激励。此时，两个时间观变量 p_1 与 p_2 将共同影响雇主对信息安全遵从行为和本职工作行为的最优激励强度的选择。

证明 如果 $C_{12}<0$，σ_1^2 与 σ_2^2 都为有限值，那么可得

$$\begin{cases} \gamma_1 = \dfrac{(C_{22}p_1^2 - C_{12}p_1p_2)[C_{11}p_2^2 + (C_{11}C_{22} - C_{12}^2)\eta_1\sigma_2^2] + (C_{12}p_1p_2)(C_{11}p_2^2 - C_{12}p_1p_2)}{[C_{22}p_1^2 + (C_{11}C_{22} - C_{12}^2)\eta_1\sigma_1^2][C_{11}p_2^2 + (C_{11}C_{22} - C_{12}^2)\eta_1\sigma_2^2] - (C_{12}p_1p_2)^2} \\ \gamma_2 = \dfrac{(C_{11}p_2^2 - C_{12}p_1p_2)[C_{22}p_1^2 + (C_{11}C_{22} - C_{12}^2)\eta_1\sigma_1^2] + (C_{12}p_1p_2)(C_{22}p_1^2 - C_{12}p_1p_2)}{[C_{22}p_1^2 + (C_{11}C_{22} - C_{12}^2)\eta_1\sigma_1^2][C_{11}p_2^2 + (C_{11}C_{22} - C_{12}^2)\eta\sigma_2^2] - (C_{12}p_1p_2)^2} \end{cases}$$

可见，此种情况下的最优激励策略为：雇主按照计算所得的激励强度系数 γ_1 与 γ_2 分别对本职工作行为与信息安全遵从行为进行激励。此时，两个时间观变量 p_1、p_2 关联影响雇主对本职工作行为的激励强度的选择，也关联影响雇主信息安全遵从行为激励强度的选择。使用表4-2中的算例6对 γ_1 与 p_1、p_2 之间的关系，γ_2 与 p_1、p_2 之间的关系进行了数值模拟，模拟结果如图4-2（c）与图4-2（d）所示。

3）当雇员个体的本职工作任务的努力成本与其信息安全遵从任务的努力成本是替代关系时（即当 $C_{12}>0$ 时），根据该雇员的本职工作任务与其信息安全遵从任务各自产出的可测度性，可分如下四种不同的情况来分析雇员个体对任务执行细节的调度排程（即时序性）的强调程度具体如何影响激励强度、激励策略。

第一种情况如下。

结论9 当本职工作行为的努力成本与信息安全遵从行为的努力成本是替代关系时，且在本职工作任务与信息安全遵从任务两者的产出都不可测度的情况下，雇主对这两种行为皆不宜实施激励。

证明 如果 $C_{12}>0$，$\sigma_1^2 \to \infty$，$\sigma_2^2 \to \infty$，那么可得

$$\begin{cases} \gamma_1 = 0 \\ \gamma_2 = 0 \end{cases}$$

因此，此种情况下的激励策略应为：雇主对本职工作行为与信息安全遵

从行为皆不宜采用激励的方法。

第二种情况如下。

结论 10 当本职工作行为的努力成本与信息安全遵从行为的努力成本之间是替代关系时，且在本职工作任务的产出可测度，但信息安全遵从任务的产出不可测度的情况下，雇主需要对本职工作行为予以激励，最优激励强度取 $\gamma_1 = \dfrac{C_{22}p_1^2 - C_{12}p_1p_2}{C_{22}p_1^2 + (C_{11}C_{22} - C_{12}^2)\eta_1\sigma_1^2}$；对信息安全遵从行为不宜进行激励。两个时间观变量 p_1 与 p_2 将共同影响雇主对该雇员的本职工作行为的激励强度的选择。

证明 若 $C_{12}>0$，σ_1^2 为有限值，$\sigma_2^2 \to \infty$，则可得

$$\begin{cases} \gamma_1 = \dfrac{C_{22}p_1^2 - C_{12}p_1p_2}{C_{22}p_1^2 + (C_{11}C_{22} - C_{12}^2)\eta_1\sigma_1^2} \\ \gamma_2 = 0 \end{cases}$$

由于此时本职工作任务的努力成本与信息安全遵从任务的努力成本存在着替代关系，为了防止该雇员仅努力于执行其本职工作任务而不执行其信息安全遵从任务，雇主应该减小对该雇员的本职工作行为的激励程度。并且，如果替代关系越强，则雇主对该雇员的本职工作行为的激励程度应该越小。同时，雇主对雇员的信息安全遵从行为不能采用激励的办法。此时，两个时间观变量 p_1、p_2 关联影响雇主对该雇员的本职工作行为的激励强度 γ_1。作者使用表 4-3 中的算例 7 对 γ_1 与 p_1、p_2 之间的关系进行了数值模拟，模拟结果如图 4-3（a）、图 4-3（b）所示。

表 4-3 三个算例（当 $C_{12}>0$ 时）

算例	赋值	激励强度系数
算例 7	$C_{11}=0.5$，$C_{12}=1$，$C_{22}=0.5$，$\eta_1=0.5$，$\sigma_1^2=1$，$0 \leqslant p_1 \leqslant 1$，$0 \leqslant p_2 \leqslant 1$	$\gamma_1 = \dfrac{0.5p_1^2 - p_1p_2}{0.5p_1^2 - 0.375}$，$\gamma_2 = 0$
	$C_{11}=0.5$，$C_{12}=10$，$C_{22}=0.5$，$\eta_1=0.5$，$\sigma_1^2=1$，$0 \leqslant p_1 \leqslant 1$，$0 \leqslant p_2 \leqslant 1$	$\gamma_1 = \dfrac{0.5p_1^2 - 10p_1p_2}{0.5p_1^2 - 49.875}$，$\gamma_2 = 0$

续表

算例	赋值	激励强度系数
算例 8	$C_{11}=0.5$, $C_{12}=1$, $C_{22}=0.5$, $\eta_1=0.5$, $\sigma_2^2=0.5$, $0 \leq p_2 \leq 1$, $0 \leq p_2 \leq 1$	$\gamma_1 = 0$, $\gamma_2 = \dfrac{0.5p_2^2 - p_1 p_2}{0.5p_2^2 - 0.1875}$
	$C_{11}=0.5$, $C_{12}=10$, $C_{22}=0.5$, $\eta_1=0.5$, $\sigma_2^2=0.5$, $0 \leq p_2 \leq 1$, $0 \leq p_2 \leq 1$	$\gamma_1 = 0$, $\gamma_2 = \dfrac{0.5p_2^2 - 10p_1 p_2}{0.5p_2^2 - 24.9375}$
算例 9	$C_{11}=0.5$, $C_{12}=0.7$, $C_{22}=0.5$, $\eta_1=0.5$, $\sigma_1^2=1$, $\sigma_2^2=0.5$, $0 \leq p_2 \leq 1$, $0 \leq p_2 \leq 1$	$\gamma_1 = \left[\begin{array}{l}(0.5p_1^2-0.7p_1p_2)(0.5p_2^2-0.06)+\\(0.7p_1p_2)(0.5p_2^2-0.7p_1p_2)\end{array}\right] / \left[\begin{array}{l}(0.5p_1^2-0.12)(0.5p_2^2-0.06)-\\(0.7p_1p_2)^2\end{array}\right]$, $\gamma_2 = \left[\begin{array}{l}(0.5p_2^2-0.7p_1p_2)(0.5p_1^2-0.12)+\\(0.7p_1p_2)(0.5p_2^2-0.7p_1p_2)\end{array}\right] / \left[\begin{array}{l}(0.5p_1^2-0.12)(0.5p_2^2-0.06)-\\(0.7p_1p_2)^2\end{array}\right]$

第三种情况如下。

结论 11 当本职工作行为的努力成本与信息安全遵从行为的努力成本是替代关系时,且在本职工作任务的产出不可测度,但信息安全遵从任务的产出可测度的情况下,雇主不宜对本职工作行为予以激励,而应对信息安全遵从行为实施激励,最优激励强度为 $\gamma_2 = \dfrac{C_{11}p_2^2 - C_{12}p_1p_2}{C_{11}p_2^2 + (C_{11}C_{22} - C_{12}^2)\eta_1\sigma_2^2}$。两个时间观变量 p_1 与 p_2 将共同影响雇主对信息安全遵从行为的激励强度的选择。

证明 若 $C_{12}>0$, $\sigma_1^2 \to \infty$, σ_2^2 为有限值,则可得

$$\begin{cases} \gamma_1 = 0 \\ \gamma_2 = \dfrac{C_{11}p_2^2 - C_{12}p_1p_2}{C_{11}p_2^2 + (C_{11}C_{22} - C_{12}^2)\eta_1\sigma_2^2} \end{cases}$$

由于此时本职工作任务的努力成本与信息安全遵从任务的努力成本存在着替代关系,为了防止雇员仅仅努力于执行其信息安全遵从任务而不执行其本职工作任务,雇主应该减小对信息安全遵从任务的激励程度,且若替代关系越强,雇主对信息安全遵从行为的激励强度应越小。此时,两个时间观变量 p_1、p_2 关联影响雇主对信息安全遵从行为的最优激励强度 γ_2。作者使用

表4-3中的算例8对γ_2与p_1、p_2之间的关系进行了数值模拟，模拟结果如图4-3（c）、图4-3（d）所示。

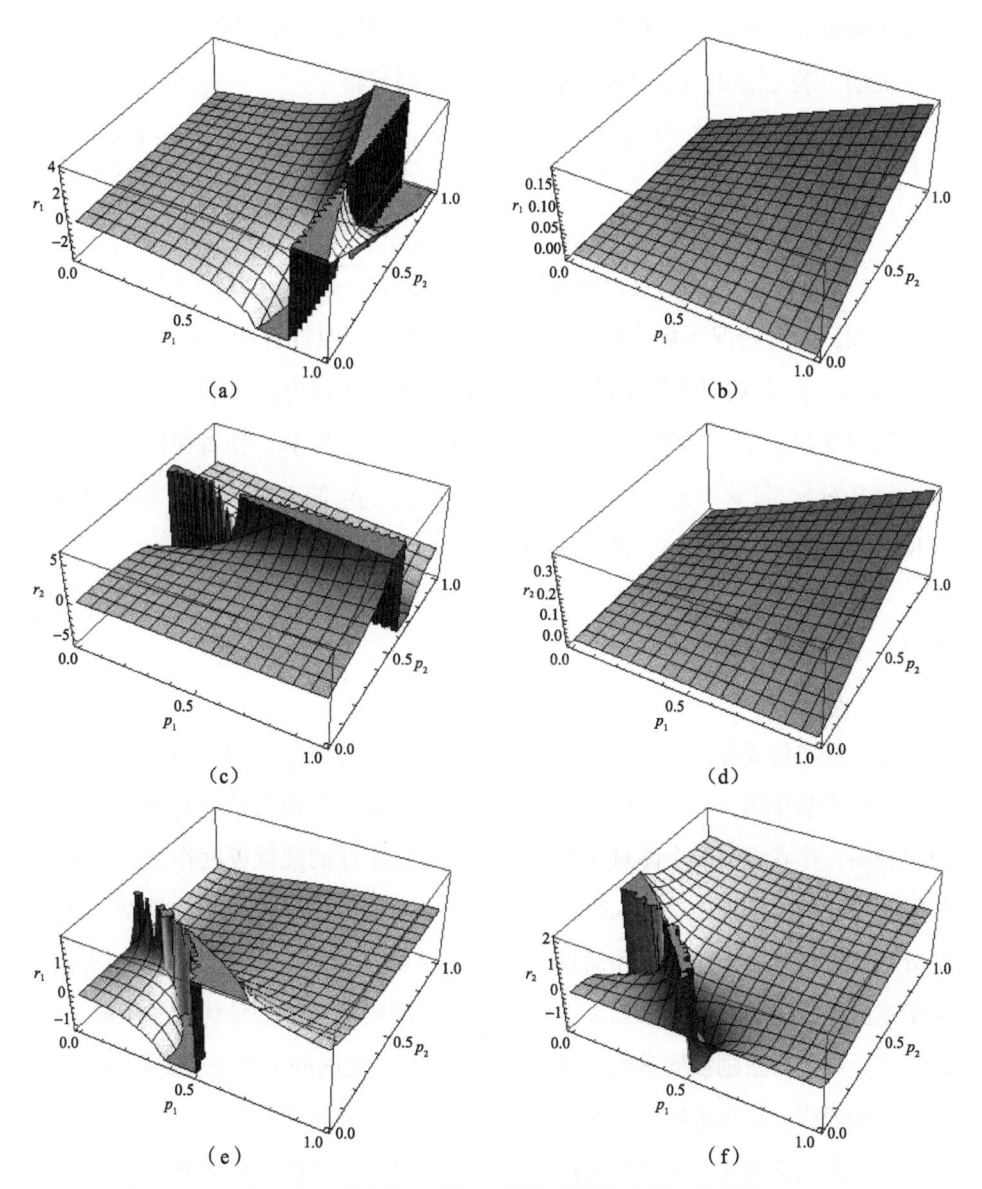

图4-3 时间观变量与激励强度系数之间的关联关系的数值模拟结果（三）

第四种情况如下。

结论12 当本职工作行为的努力成本与信息安全遵从行为的努力成本是

替代关系时，且在本职工作任务与信息安全遵从任务的产出结果都可测度的情况下，雇主对这两种行为都应给予激励。两个时间观变量 p_1 与 p_2 将共同影响雇主对本职工作行为和信息安全遵从行为的激励强度的选择。

证明 若 $C_{12}>0$，σ_1^2 与 σ_2^2 都为有限值，则可得

$$\begin{cases} \gamma_1 = \dfrac{(C_{22}p_1^2 - C_{12}p_1p_2)[C_{11}p_2^2 + (C_{11}C_{22} - C_{12}{}^2)\eta_1\sigma_2^2] + (C_{12}p_1p_2)(C_{11}p_2^2 - C_{12}p_1p_2)}{[C_{22}p_1^2 + (C_{11}C_{22} - C_{12}{}^2)\eta_1\sigma_1^2][C_{11}p_2^2 + (C_{11}C_{22} - C_{12}{}^2)\eta_1\sigma_2^2] - (C_{12}p_1p_2)^2} \\[2ex] \gamma_2 = \dfrac{(C_{11}p_2^2 - C_{12}p_1p_2)[C_{22}p_1^2 + (C_{11}C_{22} - C_{12}{}^2)\eta_1\sigma_1^2] + (C_{12}p_1p_2)(C_{22}p_1^2 - C_{12}p_1p_2)}{[C_{22}p_1^2 + (C_{11}C_{22} - C_{12}{}^2)\eta_1\sigma_1^2][C_{11}p_2^2 + (C_{11}C_{22} - C_{12}{}^2)\eta_1\sigma_2^2] - (C_{12}p_1p_2)^2} \end{cases}$$

可知，此种情况下雇主的最优激励策略为：按照计算所得的最优激励强度系数 γ_1、γ_2 分别对本职工作行为和信息安全遵从行为进行激励。此时，两个时间观变量 p_1、p_2 关联影响行为最优激励强度 γ_1 与 γ_2。作者使用表 4-3 中的算例 9 对 γ_1 与 p_1、p_2 的关系，以及 γ_2 与 p_1、p_2 的关系进行了数值模拟，模拟结果请见图 4-3（e）、图 4-3（f）。

4.3 本章小结

鉴于经典的委托人—代理人理论本身并未考量人类行为的时间观对委托代理关系的影响作用，且考虑到本职工作任务和信息安全遵从任务的结构化程度都比较高，作者将雇员个体对任务执行细节的时序性的强调程度作为时间观变量引入多任务委托人—代理人理论模型，构建了最优关联激励契约模型，论述了分别对应于本职工作行为和信息安全遵从行为的两个时间观变量对分别应施加于这两种行为的最优激励强度的影响作用，阐明了相应的最优激励策略，并使用多个算例对激励强度系数与这两个时间观变量之间的关系进行了数值模拟。研究结果表明：将表示雇员个体对任务执行细节的时序性的强调程度的时间观变量引入多任务委托人—代理人理论模型，可以设计出新的多任务最优关联激励机制。通过对这种激励机制进行理论分析与数值模拟，可以得到分别对应于本职工作任务和信息安全遵从任务的最优激励强度与最优激励策略，以期同时实现对本职工作行为和信息安全遵从行为的最优控制。

第5章　基于伽罗瓦格图表征和评估信息安全遵从行为

在本章及后续的第6章与第7章中，将论述信息安全遵从行为的正式控制机制的第二部分内容：信息安全遵从行为的评估机制。本章的主要论述内容为：基于信息安全遵从伽罗瓦格图来表征和评估组织内部雇员群体的信息安全遵从模式。作者所设计与分析的这种评估机制及评估方法可以被认为是一种新的评估机制与方法。现对本章的研究内容给出如下详细论述。

在信息安全管理实践中，组织通常是先采用视频监视、检查计算机日志（Computer Log）等方法来获取一些与信息安全遵从行为相关的数据，再对这些数据进行统计分析。作者提出，还可以基于二模网络（Two-mode Network/Bipartite Network）来设计一种正式控制机制以表征、评估组织内部雇员群体的信息安全遵从行为，即一个组织内的全体雇员或某个雇员群体对信息安全制度的遵从情况可以被抽象为一个（或者若干个）二模遵从网络（Two-mode Compliance Network）。作者将这种二模遵从网络中的两类节点设定为雇员节点与制度条款节点。值得指出的是，这种二模遵从网络中蕴含着重要的结构二重性（Structural Duality）。

1）某些雇员因共同遵从过某些条款而相互"链接"。

2）某些条款因被某些雇员所共同遵从过而相互链接。

上述的这些链接可被用于分析三种信息安全遵从关系模式。

1）"雇员—雇员"遵从关系。

2）"信息安全制度条款—信息安全制度条款"遵从关系。

3）"雇员—信息安全制度条款"遵从关系。

上述三种信息安全遵从关系可以从结构的视角上体现出雇员群体的信息

安全遵从行为的某些特征或模式。借助于这种二模遵从网络，信息安全管理者可以抽取出某些典型的信息安全遵从模式或不遵从模式。例如，在某一时期内，遵从过某个信息安全制度条款子集的雇员（或雇员子集）在同期内也遵从了另一个信息安全制度条款子集，却没有遵从过其他的信息安全制度条款子集；在某一时期内，某些雇员或条款处于二模遵从网络结构的核心位置或边缘位置，以及某些雇员或条款是高危的离群点。

在本章中，将构建用以表征、评估雇员群体的信息安全遵从行为概况（Compliance Behaviors Profile）的结构模型——信息安全遵从伽罗瓦格图（Information Security Compliance Galois Lattice Diagram）。使用该格图可以实现对信息安全遵从行为的可视化表征（Visualization），并可在该格图中发现某些重要的信息安全遵从模式（Information Security Compliance patterns）。

5.1 信息安全遵从伽罗瓦格图

在本节中，先阐述与伽罗瓦格（Galois Lattice）、信息安全遵从伽罗瓦格（简称遵从伽罗瓦格）、信息安全遵从伽罗瓦格图（简称遵从伽罗瓦格图）相关的一些概念。作者在所调研的企业内采集了三个雇员群体的信息安全遵从小样本数据，分别如表5-1、表5-2、表5-3所示。

1）格（Lattice）由有限的非空集合 $L = \{l_1, l_2, l_3, \cdots\}$ 及其上的一个自反的、反对称的、传递的偏序关系 ≤ 所构成，其中，偏序关系为笛卡尔乘积 $L \times L$ 上的二元关系，且 L 中的任意两个元素都至少有一个最大下确界（即交——Meet）和一个最小上确界（即并——Join）。

2）具有偏序关系 ≤ 的上述集合 L 被称为偏序集（Poset）。

3）作者将遵从伽罗瓦格定义为一种特殊的格。一个遵从伽罗瓦格可被表示一个三元组 (E, A, C)，其中，E 和 A 皆为有限的非空集合，C 是 E 与 A 的笛卡尔乘积 $E \times A$ 上的二元关系。设定集合 E 表示组织内的某个雇员群体，A 是该组织的信息安全制度的条款集合，C 是 $E \times A$ 上的二进制的信息安全遵从关系。例如，在关于某雇员群体的二模遵从数据矩阵中，雇员的全集为

$E=\{e1, e2, e3, e4, e5, e6, e7, e8, e9, e10, e11, e12, e13, e14\}$，信息安全制度条款的全集为 $A=\{a1, a2, a3, a4, a5, a6, a7\}$（如表 5-1 所示）。其中，矩阵元素的值为 1 表示该元素所在行对应的雇员遵从了该元素所在列对应的条款；反之，零值表示该元素所在行对应的雇员没有遵从该元素所在列对应的条款，或者表示该雇员对该条款的遵从水平比较低。

表 5-1 二模遵从数据矩阵（一）

	a1	a2	a3	a4	a5	a6	a7
e1	1	0	0	0	0	0	0
e2	0	0	0	0	0	0	0
e3	1	1	1	0	0	0	0
e4	1	1	0	0	0	0	0
e5	1	1	1	0	0	0	0
e6	1	1	1	0	0	0	0
e7	0	0	0	0	0	1	0
e8	0	0	0	1	0	1	1
e9	0	0	0	1	1	0	1
e10	0	0	0	1	1	1	1
e11	0	0	0	1	1	1	0
e12	0	0	0	0	0	0	0
e13	0	0	0	0	1	1	0
e14	1	1	1	1	1	1	1

进而对 E 的子集的集合 $S(E)=\{E_1, E_2, E_3, \cdots\}$ 与 A 的子集的集合 $S(A)=\{A_1, A_2, A_3, \cdots\}$ 可以定义如下所述的两个映射。

1) 从 $S(E)$ 到 $S(A)$ 的映射 $B=\{a_0 A(e_0, a_0)C$, 对于所有的 $e_0 B, BE\}$。其中，$(e_0, a_0)C$ 表示任一雇员个体 e_0 遵从了任一条款 a_0。依据这个映射可以析出某个或某些雇员所曾遵从的条款子集合。例如，在表 5-1 中，雇员 e_3、e_5、e_6、e_{14} 所共同遵从的条款子集为 $\{a_1, a_2, a_3\}$。另外，由该映射所得到的条款子集可以是空集或者全集。

2) 从 $S(A)$ 到 $S(E)$ 的映射 $D=\{e_0 E (e_0, a_0)C$，对于所有的 $a_0 D, DA\}$。依据这个映射能够析出遵从了某个或某些条款的雇员子集。例如，在表 5-1 中，遵从了条款子集 $\{a_4, a_5, a_6, a_7\}$ 的雇员子集为 $\{e_9, e_{10}, e_{14}\}$。另外，由该映射所得到的雇员子集可能是空集或者全集。

使用遵从伽罗瓦格可以将上述的两种映射合并为一个整体。假设 $T(E)=\{E_1, E_2, E_3, \cdots\}$，$T(A)=\{A_1, A_2, A_3, \cdots\}$，$E_j=A_j$ 且 $A_j=E_j$。基于包含运算（Inclusion），$T(E)$ 的子集可以构成遵从伽罗瓦格，$T(A)$ 的子集也可以构成遵从伽罗瓦格。这两个格之间的关系是对偶互逆的（Dual Inverse），即 $A_j A_k \Leftrightarrow E_j E_k$。由上述的两个格可以构成单一格（Single Lattice）：$T(A) \times T(E)$，即存在 $(A_j, E_j) \leq (A_k, E_k) \Leftrightarrow (A_j A_k) \& (E_j E_k)$，此式中的二进制关系 $\leq$ 是自反的、反对称的、传递的。当 $A_j A_k$ 且 $E_j E_k$ 时，这个对偶格中的 (A_j, E_j) 就是 (A_k, E_k) 的下界（Lower Bound）。值得指出的是，遵从伽罗瓦格中的每个元素是由相互对应的两个子元素构成的，这种特性恰好可以被用以分析雇员的信息安全遵从行为。

作者采用软件 ConExp 1.3 构建了表 5-1 中的二模遵从数据矩阵所对应的遵从伽罗瓦格图，如图 5-1 所示。在图 5-1 中，显示为黑色下半圆的节点表示其含有一个雇员子集，而显示为浅灰色上半圆的节点表示其内含一个条款子集。在遵从伽罗瓦格图中，如果同时存在：①既表示某个雇员子集 E_m，又表示这些雇员所遵从过的条款子集 A_n 的节点 x_{node}；②既表示某个雇员子集 E_p，又表示这些雇员所遵从过的条款子集 A_q 的节点 y_{node}；③同时满足 $E_p E_m$ 且 $A_n A_q$，那么就存在一条从节点 x_{node} 到节点 y_{node} 的向下链边。例如，在图 5-1 中，从标记有上标签 a2 与下标签 e4 的节点到标记有上标签 a3 与下标签 e3、e5、e6 的节点就有一条向下的链边。标记有上标签 a2 与下标签 e4 的节点所对应的雇员子集与条款子集分别为 $\{e3, e4, e5, e6, e14\}$，$\{a1, a2\}$；标记有上标签 a3 与下标签 e3、e5、e6 的节点所对应的雇员子集与条款子集为 $\{e3, e5, e6, e14\}$ 与 $\{a1, a2, a3\}$。

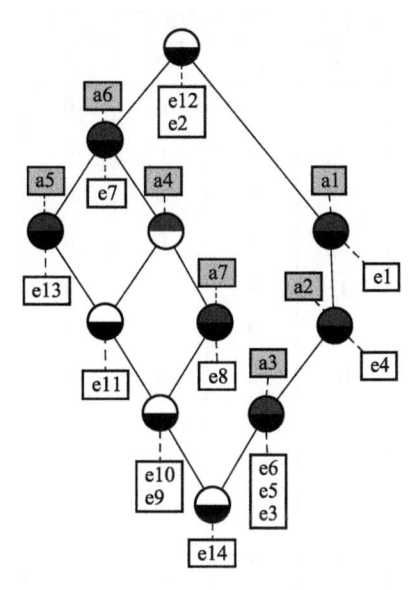

图 5-1　二模遵从数据矩阵（一）所对应的遵从伽罗瓦格图

5.2　信息安全遵从行为模式

本书所提出的若干种信息安全遵从行为模式（Information Security Compliance Behavior Pattern）主要包括以下内容。

1）非遵从离群点（Non-compliance Outlier）。

在遵从伽罗瓦格图中可能存在着两种非遵从离群点。

第一种非遵从离群点：未曾遵从过任何条款的雇员子集。例如，图 5-1 最上端的节点所对应的遵从模式为雇员 $e2$、$e12$ 没有遵从过信息安全制度的任一条款。

第二种非遵从离群点：未被任何雇员所遵从过的条款子集。例如，在图 5-2 中，最下端的节点所对应的遵从模式为条款 $a8$ 没有被任一雇员遵从过。表 5-2 中的二模遵从数据矩阵所对应的遵从伽罗瓦格图如图 5-2 所示。

在发现非遵从离群点后，信息安全管理者需要对这些高危雇员或条款进行更严格的分析、监督和控制。

表 5-2　二模遵从数据矩阵（二）

	$a1$	$a2$	$a3$	$a4$	$a5$	$a6$	$a7$	$a8$	$a9$
$e1$	1	0	0	0	0	0	0	0	1
$e2$	0	0	0	0	0	0	0	0	1
$e3$	1	1	1	0	0	0	0	0	1
$e4$	1	1	0	0	0	0	0	0	1
$e5$	1	1	1	0	0	0	0	0	1
$e6$	1	1	1	0	0	0	0	0	1
$e7$	0	0	0	0	0	1	0	0	1
$e8$	0	0	0	1	0	1	1	0	1
$e9$	0	0	0	1	1	1	1	0	1
$e10$	0	0	0	1	1	1	1	0	1
$e11$	0	0	0	1	1	1	0	0	1
$e12$	0	0	0	0	0	0	0	0	1
$e13$	0	0	0	0	1	1	0	0	1
$e14$	1	1	1	1	1	1	1	0	1

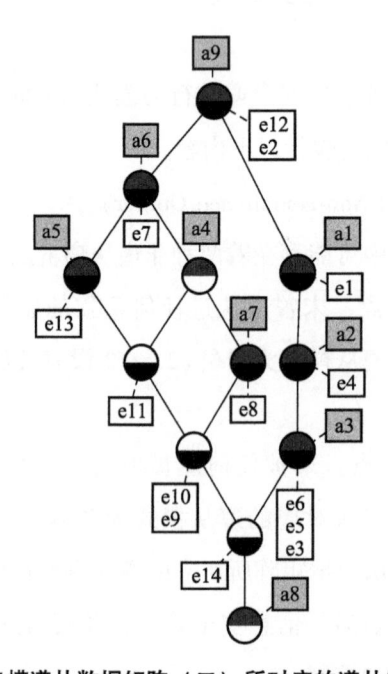

图 5-2　二模遵从数据矩阵（二）所对应的遵从伽罗瓦格图

值得指出的是，对于那些遵从过少量（三个以下）条款的雇员子集或者表示被极少量（三个以下）雇员所曾遵从的条款子集，作者将其作为遵从边缘点（Compliance Boundary Point）而不作为非遵从离群点。

2）遵从子群（Compliance Subgroup）。

在遵从伽罗瓦格图中，依据节点的链、标签可能会发现两种遵从子群。

第一种遵从子群：表示遵从了某 s_0 项条款的雇员子集合的集合，$s_0 = 1$，2，3，$\cdots$，g_0，g_0 为 s_0 的最大值。例如，在图 5-1 中，上标签为 $a2$ 且下标签为 $e4$ 的节点及其链接所对应的遵从子群模式为雇员子集 $\{e3, e4, e5, e6, e14\}$ 共同遵从了条款 $a1$、$a2$、$a3$。

第二种遵从子群：表示被某 t_0 个雇员所遵从过的条款子集合的集合，$t_0 = 1$，2，3，$\cdots$，h_0，h_0 为 t_0 的最大值。例如，在图 5-1 中，链接在一起的下标签为 $e8$、$e9$、$e10$ 及 $e11$ 的节点所对应的遵从子群模式为雇员 $e8$、$e9$、$e10$、$e11$ 所共同遵从的条款子集 $\{a4, a6\}$。

根据遵从子群模式，可以发现某个特定的雇员子集合里的雇员所共同遵从过的条款集合，也可以判断某个特定的条款子集合被某个雇员子集合中的雇员所共同遵从。另外，遵从子群还可以被用于判定共同遵从了某个条款子集合的雇员子集合里的雇员也都遵从过另一个条款子集合，却没有共同遵从过其他的条款子集合等。

3）遵从分区（Compliance Partition）。

遵从分区是指在遵从伽罗瓦格图中可能存在的节点分布结构所对应的信息安全遵从模式。例如，在图 5-1 中，除了最上端与最下端的两个节点，上标签为 $a1$ 且下标签为 $e1$、上标签为 $a2$ 且下标签为 $e4$、上标签为 $a3$ 且下标签为 $\{e3, e5, e6\}$ 的三个节点位于同一个遵从分区，而其他节点则组成了另一个遵从分区。

根据节点分布结构，可以发现遵从分区模式：某个较大的雇员集合被分割为非相交的两个或更多个较小的子集合，或者某个较大的条款集合被分割为非相交的两个或更多个较小的子集合。例如，若不考虑遵从离群点，在图 5-1 中可以发现雇员集合 $\{e1, e3, e4, e5, e6, e7, e8, e9, e10, e11,$

$e13$} 被分割为两个子集合 {$e1$, $e3$, $e4$, $e5$, $e6$} 与 {$e7$, $e8$, $e9$, $e10$, $e11$, $e13$}，条款子集合 {$a1$, $a2$, $a3$, $a4$, $a5$, $a6$, $a7$} 被分割为 {$a1$, $a2$, $a3$}、{$a4$, $a5$, $a6$, $a7$}。

4) 遵从核心点 (Compliance Core Point) 与遵从边缘点。

在遵从伽罗瓦格图中，可能还存在两种遵从模式：遵从核心点与遵从边缘点。作者定义：①遵从核心点是指遵从过全部条款的雇员或雇员子集，或者被全体雇员所曾遵从过的条款或条款子集；②遵从边缘点是表示仅遵从了少数（三项以下）条款的雇员或雇员子集，或表示仅被少数（三位以下）雇员所曾遵从的条款或条款子集。

例如，图 5-1 中的下标签为 $e14$ 的节点所对应的遵从模式是遵从核心点。这是因为雇员个体 $e14$ 遵从了信息安全制度的全部条款；图 5-2 中的上标签为 $a9$ 的节点所对应的遵从模式是遵从核心点。这是因为条款 $a9$ 被全体雇员所遵从。图 5-1 与图 5-2 中的上下标签分别为 $a1$ 与 $e1$ 的两个节点所对应的遵从模式均为遵从边缘点。这是因为在图 5-1 中，上下标签分别为 $a1$ 与 $e1$ 的节点表示雇员 $e1$ 仅遵从了条款 $a1$；在图 5-2 中，上下标签分别为 $a1$ 与 $e1$ 的节点表示雇员 $e1$ 仅遵从了子集 {$a1$, $a9$} 中的条款。

根据遵从核心点与遵从边缘点，可以发现某些遵从细节。例如，在图 5-1 中的子集 {$e1$, $e3$, $e4$, $e5$, $e6$, $e14$} 所包含的所有雇员个体中，对信息安全制度遵从得最好的雇员为 $e14$，遵从得最差的雇员子集为 {$e1$, $e4$}，而 {$e3$, $e5$, $e6$} 的遵从情况则介于 {$e14$} 与 {$e1$, $e4$} 的信息安全遵从绩效之间；在子集 {$e7$, $e8$, $e9$, $e10$, $e11$, $e13$, $e14$} 中，对信息安全制度遵从得最好的雇员为 $e14$，遵从得最差的雇员子集为 {$e7$, $e13$}，而 {$e8$, $e9$, $e10$, $e11$} 的遵从绩效则介于 {$e14$} 与 {$e7$, $e13$} 的遵从绩效之间。

5) 多重遵从包含 (Compliance Inclusion)。

在信息安全遵从伽罗瓦格图中的向上、向下方向上存在着两种包含结构，即除了最上端的、最下端的节点外，还包含以下这些：①每个上方节点（及其对应的雇员子集）包含了与其直接链接的下方节点（及其所对应的雇员子集）；②此上方节点（及其所对应的条款子集）也被包含在其下方节点（及其对应的条款子集）中。与这两种包含结构属性相对应的信息安全遵从模式为：①若从最低位置的节点沿着向上的方向分析各节点，可以发现雇员子集逐渐变大，而条款子集逐渐变小；②若沿着最高位置的节点向下分析各节点，可以发现雇员子集逐渐变小，而条款子集逐渐变大。例如，在图 5-1 中，下标签为 $e14$ 的最低端节点表示雇员子集 $\{e14\}$ 遵从了条款子集 $\{a1, a2, a3, a4, a5, a6, a7\}$；在向上方向的路径中的下标签为 $e9$ 与 $e10$ 的节点表示子集 $\{e9, e10, e14\}$ 中雇员遵从了子集 $\{a4, a5, a6, a7\}$ 中的条款；在继续向上方向上的下标签为 $e11$ 的节点表示子集 $\{e9, e10, e11, e14\}$ 中的雇员遵从了子集 $\{a4, a5, a6\}$ 中的条款；在更向上方向的下标签为 $e13$ 且上标签为 $a5$ 的节点表示子集 $\{e9, e10, e11, e13, e14\}$ 中的雇员遵从了子集 $\{a5, a6\}$ 中的条款；在此节点上方的下标签为 $e7$ 且上标签为 $a6$ 的节点表示子集 $\{e7, e9, e10, e11, e13, e14\}$ 中的雇员遵从了子集 $\{a6\}$ 中的条款；然而，在最高位置上的下标签为 $e2$ 与 $e12$ 的节点表示雇员 $e2$、$e12$ 没有遵从任何条款。

因而，上述的多重遵从包含结构关系可分别被表示为如下的两种形式。

(1) $\{e14\} \subseteq \{e9, e10, e14\} \subseteq \{e9, e10, e11, e14\} \subseteq \{e9, e10, e11, e13, e14\} \subseteq \{e7, e9, e10, e11, e13, e14\}$；

(2) $\{a1, a2, a3, a4, a5, a6, a7\} \supseteq \{a4, a5, a6, a7\} \supseteq \{a4, a5, a6\} \supseteq \{a5, a6\} \supseteq \{a6\} \supseteq \Phi$。

6) 对等遵从（Compliance Equivalence）。

在遵从伽罗瓦格图中还可能存在着信息安全对等遵从模式。例如，在图 5-1 中，可以发现，三位雇员 $e3$、$e5$、$e6$ 因共同遵从了条款集合 $\{a1, a2, a3\}$ 中的条款而具有遵从对等性。

5.3 对比分析

为了验证上文中所提出的信息安全遵从模式的适用性与有效性，作者对如表 5-3 所示的信息安全遵从数据矩阵构建了遵从伽罗瓦格图，如图 5-3 所示。在该图中，既无黑色下半圆也无蓝色上半圆的节点仅为起过渡作用的链接节点。作者将从图 5-3 中提取的遵从行为模式与通过使用 UCINET 软件分析此数据矩阵所获得的社会网络的一些结构特征进行对比分析。基于 UCINET 软件与多维标度（Multi-Dimensional Scaling）测量方法对该数据矩阵所构建的社会网络结构图如图 5-4 所示。具体的对比分析过程如下文所述。

表 5-3 二模遵从数据矩阵（三）

	$a1$	$a2$	$a3$	$a4$	$a5$	$a6$	$a7$	$a8$	$a9$	$a10$	$a11$	$a12$	$a13$	$a14$	$a15$	$a16$
$e1$	1	0	0	0	0	0	0	0	0	0	0	0	0	0	0	0
$e2$	0	0	0	0	0	0	0	0	0	0	0	0	0	0	0	0
$e3$	1	1	1	1	1	1	0	1	1	0	0	0	0	0	0	0
$e4$	0	0	0	1	0	0	0	0	0	0	0	0	0	0	1	0
$e5$	1	1	1	0	1	1	1	1	0	0	0	0	0	0	0	0
$e6$	0	0	0	0	0	0	0	1	1	1	0	1	1	1	1	1
$e7$	0	0	0	0	0	0	1	1	1	0	1	0	1	0	1	0
$e8$	1	1	1	1	1	1	1	1	1	0	0	0	0	0	0	0
$e9$	1	1	1	1	1	1	1	1	1	1	1	1	1	1	1	1
$e10$	1	0	1	1	1	1	0	1	0	0	0	0	0	0	0	0
$e11$	0	0	1	1	1	0	1	0	0	0	0	0	0	0	0	0
$e12$	0	0	1	0	1	1	0	1	0	0	0	0	0	0	0	0
$e13$	0	0	0	1	1	1	1	1	0	0	0	0	0	0	0	0
$e14$	0	0	0	0	0	0	0	0	0	0	0	0	0	0	0	0
$e15$	0	0	0	0	0	1	0	1	1	0	0	0	0	0	0	0
$e16$	0	0	0	0	1	0	1	1	0	0	0	0	0	0	0	0
$e17$	0	0	0	0	0	0	0	0	0	0	1	0	1	0	0	1
$e18$	0	0	0	0	0	0	1	1	1	0	0	0	0	0	0	0
$e19$	0	0	0	0	0	0	0	1	1	0	1	0	0	0	1	1
$e20$	0	0	0	0	0	1	1	0	1	1	1	1	1	1	0	0
$e21$	0	0	0	0	0	0	1	1	0	0	0	1	0	0	0	0
$e22$	0	0	0	0	0	0	0	0	0	0	0	0	0	1	0	1
$e23$	0	0	0	0	0	0	0	0	0	0	0	0	1	0	0

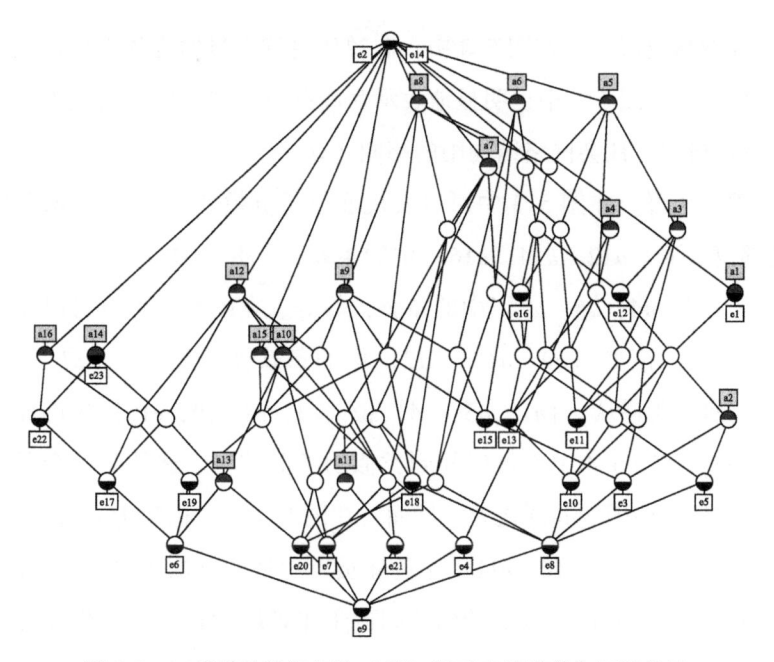

图 5-3 二模遵从数据矩阵（三）所对应的遵从伽罗瓦格图

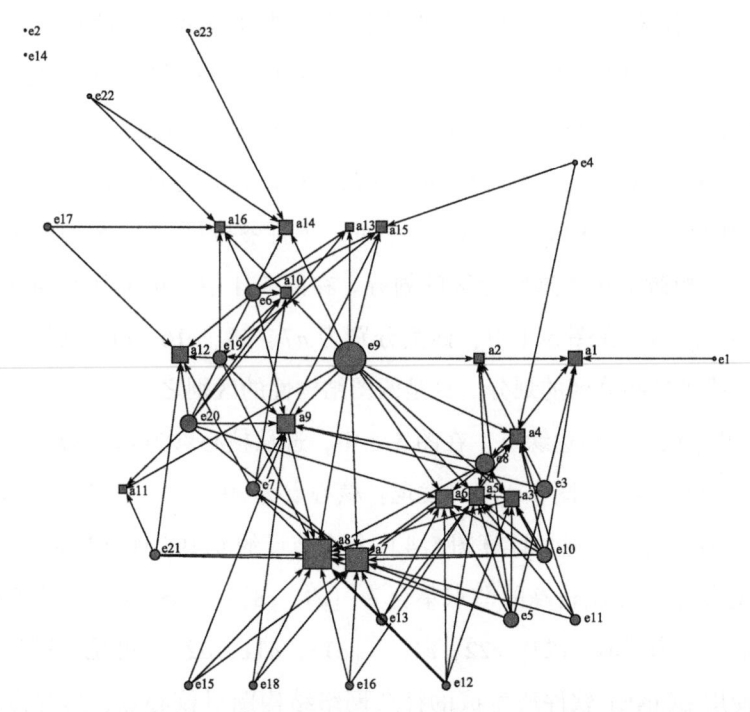

图 5-4 使用 UCINET 软件生成的遵从社会网络 [二模遵从数据矩阵（三）]

1) 非遵从离群点。在图 5-3 中，非遵从离群点显然为顶点雇员 $e2$、$e14$。同样，$e2$、$e14$ 在图 5-4 中也明显地表示为离群点，请见该图的左上角。这是遵从伽罗瓦格图与社会网络结构图的相同之处。

2) 遵从子群。在图 5-3 中可以发现雇员子群模式，诸如 $\{e6, e17\}$ 中的雇员都遵从了 $\{a12, a14, a16\}$ 中的条款；$\{e8, e10, e11\}$ 中的雇员们都遵从了 $\{a3, a4, a5, a7\}$ 中的条款，等等。在图 5-3 中也可以发现一些条款子群模式，诸如 $\{a9, a10, a12\}$ 中的条款被子集 $\{e6, e7, e9, e19, e20\}$ 中的雇员所遵从，$\{a1, a3, a4\}$ 被 $\{e3, e8, e9, e10\}$ 中的雇员所遵从等。同样，在图 5-4 中也可以找到类似的子群结构。这是此社会网络结构图与遵从伽罗瓦格图的共同之处。然而，在图 5-4 中，标签为 $a6$ 的节点从直观视觉上干扰了 $\{e8, e10, e11\}$ 中的雇员所遵从的条款子集 $\{a3, a4, a5, a7\}$ 的发现。这是此社会网络结构图稍逊于作者所构建的遵从伽罗瓦格图的细节之一。

3) 遵从分区。在图 5-3 中可以比较清楚地分辨出若干信息安全遵从分区：$\{e6, e7, e17, e18, e19, e20, e21, e22, e23\}$ 与 $\{e1, e3, e4, e5, e8, e10, e11, e12, e13, e15, e16\}$，$\{a9, a10, a11, a12, a13, a14, a15, a16\}$ 与 $\{a1, a2, a3, a4, a5, a6, a7, a8\}$。这些遵从分区类似于社会网络分析中的小派系（Clique）概念。然而，下标签分别 $e4$、$e8$ 的两个节点从直观视觉上稍微干扰了这些分区的划分。在图 5-4 中也可以找到与此相似的分区结构。然而，在图 5-4 中，标签分别为 $a7$、$a8$、$e16$、$e18$ 也从直观视觉上稍微干扰了这些分区的划分。这是两图结构性的区别之一。

4) 遵从核心点与边缘点。在图 5-3 中，遵从核心点为 $e9$，遵从边缘点为 $e23$、$e1$、$e22$、$e4$。从图 5-4 中可发现：核心点为 $e9$、$a8$，边缘点为 $e1$、$e23$、$e22$、$e4$、$a11$、$a13$。通过计算图 5-4 中各个节点的度中心性（Degree Centrality），可得知中心度比较高的节点集合为 $\{e9, e8\}$、$\{a8, a7\}$，中心度比较低的节点集合为 $\{e1, e23, e22, e4\}$、$\{a13, a11, a2\}$。可见，遵从伽罗瓦格图与使用 UCINET 软件所生成的社会网络结构图对核心点、边缘点的显示是有少许区别的。另外，如果依据 Freeman 所提出的链（Chain）的概念，作者也可以从此遵从伽罗瓦格图中判定出相同的遵从核心点与遵从边缘点。

5）遵从多重包含。例如，在图 5-3 中，如果沿着向上方向寻找，可以发现，带有标签 $e9$、$e20$、$a13$、$a12$ 的四个不同节点所对应的雇员子集的多重包含模式及条款子集的多重包含模式分别为 $\{e9, e20\} \subseteq \{e6, e9, e20\} \subseteq \{e6, e7, e9, e17, e19, e20, e21\}$、$\{a6, a7, a9, a10, a11, a12, a13, a14\} \supseteq \{a9, a10, a12, a13, a14\} \supseteq \{a12\}$。然而，在图 5-3 中寻找上述遵从多重包含模式并非易事。而在图 5-4 中，三个集合 $\{e9, e20\}$、$\{e6, e9, e20\}$、$\{e6, e7, e9, e17, e19, e20, e21\}$ 各自所围成的二维平面的面积逐渐变大，而 $\{a6, a7, a9, a10, a11, a12, a13, a14\}$、$\{a9, a10, a12, a13, a14\}$、$\{a12\}$ 各自所围成的平面面积逐渐变小。此类面积的渐增或递减也可以被认为是一种多重包含结构，且其层次性明显地优于遵从伽罗瓦格图。

6）遵从对等。在图 5-4 中，使用 UCINET 软件计算 Archmedes 距离后，可以得知 $e1$、$e2$、$e14$、$e23$ 具有近似的结构对等性。然而，在图 5-3 中可以发现，$e1$、$e2$、$e14$、$e23$ 之间几乎不存在遵从对等性。

上述的对比分析结果表明：信息安全遵从伽罗瓦格图中的遵从模式与使用 UCINET 软件所生成的社会网络中的结构模式既有共同点，又有不同点。作者所提出的信息安全遵从伽罗瓦格图这种评估机制与方法具有一定程度的适用性与有效性。

5.4　本章小结

在本章中，作者构建了信息安全遵从伽罗瓦格图，实现了信息安全遵从模式的可视化表示，提取了六种重要的信息安全遵从模式，并将这些遵从模式与利用软件 UCINET 所得到的社会网络结构特征进行了对比分析。研究结果表明：利用信息安全遵从伽罗瓦格图来表征和评估组织内部雇员群体或雇员个体的信息安全遵从模式是合理的，也是有效的。

第6章 信息安全遵从非胜任力的灰色关联评估机制与方法

本章将论述所提出的第二种评估机制与方法,即组织内部雇员的信息安全遵从非胜任力的灰色关联评估机制及相应的评估方法。

随着信息科学与技术的迅猛发展,信息系统及信息安全规章制度正在被越来越多的组织机构采纳使用。这些组织中的各工作岗位上的员工(或称为内部雇员)都有可能存在着不遵从信息安全制度的问题。该问题已经引起了人们的关注与重视。例如,NSA(National Security Agency)在其发布的《信息保障技术框架》中已将"员工攻击信息系统的行为"(该行为被作者归类于信息安全不遵从行为)确定为信息系统所正面临的危害较大的五种攻击类型之一;FBI(Federal Bureau of Investigation)在其公布的信息安全调查研究报告中指出,大约80%的攻击和入侵信息系统的行为源自组织内部员工。员工对信息系统的攻击行为可分为两种:恶意的攻击行为、非恶意的攻击行为。恶意的攻击行为是指员工有计划、有目的地去窃取、欺诈、破坏信息系统中的重要数据及信息系统基础设施;非恶意的攻击行为是指员工的信息安全感知偏差、判断失误、执行偏差等。由于员工往往清楚地了解其组织的信息系统的物理结构与逻辑结构、重要数据的存储位置及其组织所使用的信息安全防范技术,所以,员工攻击信息系统的行为往往是难以防范的。组织内部员工攻击信息系统的行为是一种信息安全不遵从行为。为了保障信息系统的安全性(即机密性、完整性及可用性等),组织迫切地希望其内部员工都能够胜任信息安全遵从任务。作者认为,能够胜任信息安全遵从任务的员工也是其所在组织的重要资本与资源,且不对信息系统进行恶意的或非恶意的攻击是组织内部员工能够胜任信息安全遵从任务的基本要求之一。

相关的信息安全调查研究还指出：大多来自组织外部的针对信息系统的攻击过程是通过操纵组织内部的员工所使用的计算机系统来实施的。鉴于此，作者认为，组织内部的员工必须具备必要的信息安全知识、经验和技能以对信息系统进行安全防护，这也是员工能够胜任信息安全遵从任务的基本要求之一。

如何定量并定性地评估组织内部的员工是否能够胜任信息安全遵从任务是一个值得研究的重要问题。与胜任力（Competence）相关的已有研究工作大多是在人力资源管理、心理学、教育学等领域内开展的。迄今为止，针对组织内部员工的信息安全遵从胜任力问题或非胜任力问题的研究工作还比较少见。在本章中，作者尝试着提出了一种正式的组织控制机制：信息安全遵从非胜任力的灰色关联评估机制与方法，以期科学地理解、评估并控制组织内部员工的信息安全遵从或不遵从行为。作者将尝试着去构建信息安全遵从非胜任力的灰评估模型，并提出信息安全遵从非胜任力灰评估指标及相应的评估方法。

6.1 信息安全遵从非胜任力

McClelland 率先提出了胜任力（也可称为胜任特征）的概念及相应的测评原则。Spencer 等将胜任力定义为：可以显著地区分组织内部的高绩效员工与一般绩效员工个体的、潜在的深层次特征。Spencer 等还指出，这些特征包括人格特质、动机、自我概念、社会角色、态度、价值观、知识、技能等，且需要对这些特征进行有效的测量。其中，员工的知识与技能是外显的、易于观测的且易改变的胜任力，也是基础性质的工作岗位胜任力（Basic Competence）；而员工的人格特质、动机、自我概念、社会角色、态度、价值观是隐藏着的、难以观测的且难以改变的胜任力。这类胜任力被称为鉴别性质的胜任力（Discriminative Competence）。鉴别性质的胜任力可以被用来评估员工个体在其工作岗位上的长期表现预期。并且，鉴别性质的胜任力是判断员工能否胜任其工作岗位的关键因素。

再者，黄攸立等指出，负面人格特质（The Dark Sides of Personality Traits）是构成负面人格的基本因素。Moscoso 等指出，由负面人格特质所引发的攻击和破坏行为是员工个体不能胜任其工作岗位的重要原因，因此，可以通过评估员工的负面人格特质来辨识那些更有可能会出现偏差行为的、职业脱轨的或低绩效的员工。

本书将员工个体的信息安全遵从非胜任力（The Information Security Compliance Incompetence）定义为：能够显著地区分较低信息安全遵从绩效员工与较高信息安全遵从绩效员工的、个体的、潜在的负面人格特质及员工的信息安全知识、相关技能的缺失。并且，作者还将缺乏信息安全知识、较低的信息安全技能水平都作为员工个体的基础性质的信息安全遵从非胜任力；将负面人格特质作为员工个体的鉴别性质的信息安全遵从非胜任力。

6.2 信息安全遵从非胜任力灰色模型

Boyatzis 所提出的洋葱模型（如图 6-1 所示）的层级特征表明了两点。一是员工个体的人格特质的源头性、核心性与重要性；二是员工个体具有的知识与技能是影响其胜任力的重要因素。

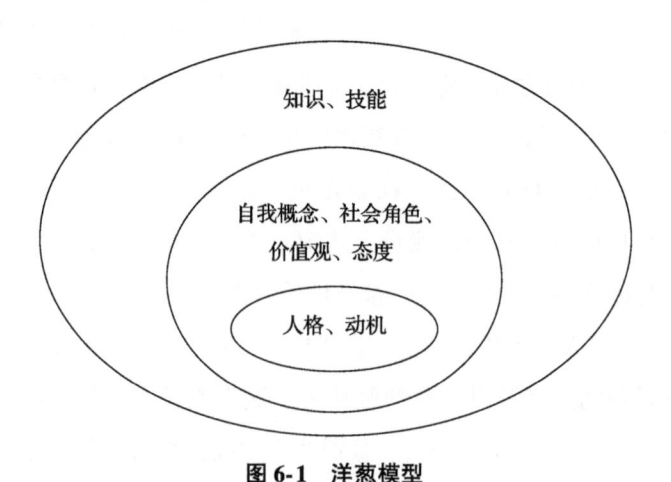

图 6-1 洋葱模型

作者认为，如果基于该模型研究员工的信息安全遵从非胜任力的评估问题，将有利于三个方面。

1）构建出信息安全遵从非胜任力模型。

2）提出合理、有效的评估指标。这是因为可以将 Boyatzis 所提出的胜任力模型中的知识、技能、自我概念、社会角色、价值观、态度、人格、动机作为员工个体的胜任力的评估指标。这样就确保了评估指标的必要性和充分性。

3）更合理地设置各评估指标的权重值。这是因为依据该模型的层级结构可以初步设置每类评估指标的权重取值范围：①鉴别性质的评估指标的权重最大，例如，取其权重皆大于或等于 0.5；②基础性质的评估指标的权重次之，例如，取其权重皆小于或等于 0.3。

作者认为，员工的信息安全遵从非胜任力具有灰色性质。这里的灰色性质是指信息安全遵从非胜任力的某些信息是已知的，而其他信息则是不确定的，或仅能采集到信息安全遵从非胜任力的小样本数据。基于洋葱模型，进而提出了如图 6-2 所示的信息安全遵从非胜任力灰色模型。在该模型中，压力大、变化多的工作情境具有灰色性质；计算机与网络知识技术的缺失程度、信息安全知识技术的缺失程度、员工对组织内部信息安全制度这三种基础性质的信息安全遵从非胜任力都具有灰色性质；员工的负面人格特质这种鉴别性质的信息安全遵从非胜任力也具有灰色性质。

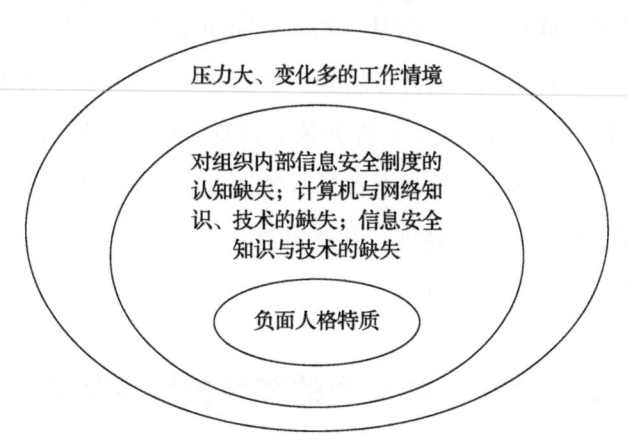

图 6-2　信息安全遵从非胜任力灰色模型

6.3 信息安全遵从非胜任力的灰评估指标

依据信息安全遵从非胜任力灰色模型,作者提出了如下所述的信息安全遵从非胜任力灰评估指标。

1)信息安全遵从非胜任力的灰情境评估指标。

在压力大、变化多的工作情境下,员工个体的负面人格特质被激发的可能性是较大的。因此,提出了如下两个灰情境评估指标:①工作情境的压力度;②工作情境的变化度。

2)信息安全遵从非胜任力的基础性质的灰评估指标:①员工对组织内部信息安全制度的认知缺失程度;②员工的计算机与网络知识、技术的缺失程度;③员工的信息安全知识、技术的缺失程度。

3)信息安全遵从非胜任力的鉴别性质的灰评估指标。Moscoso等使用CEP量表研究了工作场合中的负面人格特质与任务绩效(Task Performance)、关联绩效(Contextual Performance)及整体工作绩效(Overall Work Performance)的关联性。其研究结果表明:①有七种负面特质,即多疑、胆怯、悲伤、悲观、受难、古怪、危险,可以被用来预测任务绩效、关联绩效与整体工作绩效;②作为负面人格特质之一的利己主义倾向(The Egocentric Style)可以被用来预测关联绩效;③顺从(The Submitted Style)也被认为是一种负面人格特质,可以被用来预测任务绩效。这里的顺从是指员工表现出过度依赖于他人的工作指示,进而失去主动性并缺乏自我判断的人格特质。据此,作者设置了信息安全遵从非胜任力的九种具有鉴别性质的灰评估指标:①顺从度;②胆怯度;③悲伤度;④悲观度;⑤受难度;⑥古怪度;⑦危险度;⑧利己度;⑨多疑度。

6.4 信息安全遵从非胜任力的灰色关联评估机制分析

考虑到组织内部员工的信息安全遵从非胜任力具有灰色性质(即少数据、

小样本、不确定），可以将信息安全遵从非胜任力看作是一个灰色系统，因此，可以基于灰色系统理论对信息安全遵从非胜任力进行研究。这是因为灰色系统理论的应用对被研究对象的观测数据量、数据分布规律等没有严格的要求，即灰色系统理论适用于评估、分析信息不完全确知的、小样本的、少数据的系统，甚至特小样本系统，而其他的综合评价方法则难以对信息安全遵从非胜任力这类灰色系统作出合理、有效的评估。

在提出了信息安全遵从非胜任力的灰色模型和灰评估指标后，作者拟对组织内部员工的信息安全遵从非胜任力进行灰色关联评估分析。灰色关联分析的实质是距离空间与点集拓扑空间结合所构成的有参考系的、有测度的系统整体之比较。灰色关联评估分析方法所依据的数学模型如下所述

$$G = M_0 \times W \tag{6.1}$$

其中，G 为被评估的 m 位员工的灰色关联评估结果矩阵，$G = [g_1, g_2, \cdots, g_m]^T$，$M_0$ 为灰关联系数矩阵

$$M_0 = \begin{bmatrix} c_1(1,\zeta) & c_1(2,\zeta) & \cdots & c_1(n,\zeta) \\ c_2(1,\zeta) & c_2(2,\zeta) & \cdots & c_2(n,\zeta) \\ \vdots & \vdots & \vdots & \vdots \\ c_m(1,\zeta) & c_m(2,\zeta) & \cdots & c_m(n,\zeta) \end{bmatrix}$$

其中，$c_i(l,\zeta)$ 为第 i 位员工的信息安全遵从非胜任力的第 l 个评估指标值与参考数列的第 l 个指标值的灰关联系数，$i=1,2,\cdots,m$，$l=1,2,\cdots,n$。假设参考数列为 $\{a_1, a_2, \cdots, a_n\}$，评估指标值数列为 $\{a_1^i, a_2^i, \cdots, a_n^i\}$，则灰关联系数

$$c_i(l,\zeta) = \frac{\min_i \min_l |a_l - a_l^i| + \zeta \max_i \max_l |a_l - a_l^i|}{|a_l - a_l^i| + \zeta \max_i \max_l |a_l - a_l^i|} \tag{6.2}$$

其中，$\min_i \min_l |a_l - a_l^i|$ 与 $\max_i \max_l |a_l - a_l^i|$ 分别表示由各指标值与参考数列中其对应数值之间的差值的绝对值所构成的数集中的最小值及最大值。ζ 为分辨系数，$\zeta \in (0, 1]$。

6.4.1 分辨系数的取值方法

在下述内容中，作者提出了一种新的分辨系数取值方法。

ζ 是一种重要参数，它可以被用以调节最大值 $\max_i\max_l|a_l-a_l^i|$ 对灰关联系数的影响，进而影响灰关联度的取值。ζ 与 $c_i(l,\zeta)$ 之间关系的分析过程如下所述。

1) 对式 (6.2) 求偏导数

$$\frac{\partial c_i(l,\zeta)}{\partial \zeta} = \frac{(\max_i\max_l|a_l-a_l^i|)(|a_l-a_l^i|+\zeta\max_i\max_l|a_l-a_l^i|) - (\max_i\max_l|a_l-a_l^i|)(\min_i\min_l|a_l-a_l^i|+\zeta\max_i\max_l|a_l-a_l^i|)}{(|a_l-a_l^i|+\zeta\max_i\max_l|a_l-a_l^i|)^2}$$

$$= \frac{(\max_i\max_l|a_l-a_l^i|)(|a_l-a_l^i|-\min_i\min_l|a_l-a_l^i|)}{(|a_l-a_l^i|+\zeta\max_i\max_l|a_l-a_l^i|)^2}$$

由于有如下的不等式成立

$$\begin{cases} (\max_i\max_l|a_l-a_l^i|) \geqslant 0 \\ (|a_l-a_l^i|-\min_i\min_l|a_l-a_l^i|) \geqslant 0 \\ (|a_l-a_l^i|+\zeta\max_i\max_l|a_l-a_l^i|)^2 \geqslant 0 \end{cases}$$

故可知 $\frac{\partial c_i(l,\zeta)}{\partial \zeta} \geqslant 0$，即灰关联系数 $c_i(l,\zeta)$ 是分辨系数 ζ 的单调增加函数。

2) 灰关联系数 $c_i(l,\zeta)$ 与分辨系数 ζ 无关的充要条件为 $|a_l-a_l^i|=\min_i\min_l|a_l-a_l^i|$。

3) 为了合理地确定分辨系数 ζ 的取值，需要考虑的内容之一为分辨系数 ζ 的实际意义。

由式 (6.2) 可知，$\max_i\max_l|a_l-a_l^i|$ 使灰关联度的系统整体性得以实现。这里的系统整体性是指参与计算的参考数列和某个比较数列的几何关系会受到其他未参与计算的比较数列的影响。而 ζ 的取值可以直接调节 $\max_i\max_l|a_l-a_l^i|$ 的值以对灰关联系数值进行影响，继而影响灰关联度的取值。

4) 为了合理地确定分辨系数的取值，需要考虑的内容之二为分辨系数 ζ 与灰关联度 g_i 的关系。

已有的研究工作指出，灰关联度是分辨系数的单调增加函数。在本章中，灰关联度 g_i 是分辨系数 ζ 的单调增加函数。设 ζ_1 与 ζ_2 是分辨系数 ζ 的两个任意取值，且 $g_i(\zeta_1)$ 与 $g_i(\zeta_2)$ 是分别对应于 ζ_1 与 ζ_2 的两个灰关联度值。如果

$\zeta_1>\zeta_2$,那么 $g_i(\zeta_1)>g_i(\zeta_2)$;如果 $\zeta_1<\zeta_2$,那么 $g_i(\zeta_1)<g_i(\zeta_2)$。

证明 先考虑 $\zeta_1>\zeta_2$ 这种情况,由于 $g_i(\zeta)=\sum_{j=1}^{n}\sum_{l=1}^{n}w_jc_i(l,\zeta)$,可得

$$\begin{cases}g_i(\zeta_1)=w_1\times c_i(1,\zeta_1)+w_2\times c_i(2,\zeta_1)+\cdots+w_n\times c_i(n,\zeta_1)\\ g_i(\zeta_2)=w_1\times c_i(1,\zeta_2)+w_2\times c_i(2,\zeta_2)+\cdots+w_n\times c_i(n,\zeta_2)\end{cases}$$

设当 $l=l_1,l_2,\cdots,l_x$,且 $l_1,l_2,\cdots,l_x$ 皆为集合 $\{1,2,\cdots,n\}$ 中的元素时,存在 $|a_l-a_l^i|=\min_i\min_l|a_l-a_l^i|$。这就意味着灰关联系数 $c_i(l,\zeta)$ 与分辨系数 ζ 无关。由此可知:$c_i(l_1,\zeta_1)=c_i(l_1,\zeta_2)$,$c_i(l_2,\zeta_1)=c_i(l_2,\zeta_2)$,$\cdots$,$c_i(l_x,\zeta_1)=c_i(l_x,\zeta_2)$;而当 $l\neq l_1,l_2,\cdots,l_x$,且 $l_1,l_2,\cdots,l_x$ 皆为集合 $\{1,2,\cdots,n\}$ 中的元素时,存在 $|a_l-a_l^i|\neq\min_i\min_l|a_l-a_l^i|$。这意味着灰关联系数 $c_i(l,\zeta)$ 是分辨系数 ζ 的单调增加函数。又因为有 $\zeta_1>\zeta_2$,所以此时可得:$c_i(l,\zeta_1)>c_i(l,\zeta_2)$。综合这两种情况,可知

$$\begin{aligned}g_i(\zeta_1)&=w_1\times c_i(l_1,\zeta_1)+w_2\times c_i(l_2,\zeta_1)+\cdots+w_n\times c_i(l_x,\zeta_1)+\\ &\quad\sum_{j\neq l_1,l_2,\cdots,l_x}^{n}\sum_{l\neq l_1,l_2,\cdots,l_x}^{n}w_jc_i(l,\zeta_1)\\ &=w_1\times c_i(l_1,\zeta_2)+w_2\times c_i(l_2,\zeta_2)+\cdots+w_n\times c_i(l_x,\zeta_2)+\\ &\quad\sum_{j\neq l_1,l_2,\cdots,l_x}^{n}\sum_{l\neq l_1,l_2,\cdots,l_x}^{n}w_jc_i(l,\zeta_1)\\ &>w_1\times c_i(l_1,\zeta_2)+w_2\times c_i(l_2,\zeta_2)+\cdots+w_n\times c_i(l_x,\zeta_2)+\\ &\quad\sum_{j\neq l_1,l_2,\cdots,l_x}^{n}\sum_{l\neq l_1,l_2,\cdots,l_x}^{n}w_jc_i(l,\zeta_2)\end{aligned}$$

又因为

$$\begin{aligned}g_i(\zeta_2)&=\sum_{j=1}^{n}\sum_{l=1}^{n}w_jc_i(l,\zeta_2)\\ &=w_1\times c_i(l_1,\zeta_2)+w_2\times c_i(l_2,\zeta_2)+\cdots+w_n\times c_i(l_x,\zeta_2)+\\ &\quad\sum_{j\neq l_1,l_2,\cdots,l_x}^{n}\sum_{l\neq l_1,l_2,\cdots,l_x}^{n}w_jc_i(l,\zeta_2)\end{aligned}$$

可得 $g_i(\zeta_1)>g_i(\zeta_2)$。所以,如果 $\zeta_1>\zeta_2$,那么 $g_i(\zeta_1)>g_i(\zeta_2)$ 成立。同理可知,如果 $\zeta_1<\zeta_2$,那么 $g_i(\zeta_1)<g_i(\zeta_2)$ 成立。

5) 为了合理地确定分辨系数的取值，需要考虑的内容之三是各评估指标观测值的离散程度及灰关联度值分布区间的大小。

当各评估指标值的离散程度比较小时，$\max_i\max_l|a_l-a_l^i|$ 也较小。如果此时 ζ 的取值也较小，就会使 $c_i(l,\zeta)$ 的值与 $g_i(\zeta)$ 的值都偏小，而 $g_i(\zeta)$ 的值都偏小意味着灰关联度的值的分布空间偏小，进而无法清楚地区分各数列之间的几何相似程度。有相关研究工作提出，如果令 $y_1 = \dfrac{1}{mn}\sum_{l=1}^{n}\sum_{i=1}^{m}|a-a_l^i|$，$y_2 = \dfrac{y_1}{\max_i\max_l|a_l-a_l^i|}$，则可设定分辨系数 ζ 的取值范围为：

$$\begin{cases} 0.5 < \zeta \leq 2y_1, & \text{当 } \max_i\max_l|a_l - a_l^i| \leq 3y_1 \text{ 时} \\ y_1 \leq \zeta \leq 0.5, & \text{当 } \max_i\max_l|a_l - a_l^i| > 3y_1 \text{ 时} \end{cases}$$

然而，在检验了若干个信息安全遵从非胜任力的序数型数据集合之后，作者发现，分辨系数 ζ 的取值范围应取

$$\begin{cases} 0 < \zeta \leq 0.5 \text{ 或 } 0.5 < \zeta \leq 2y_2, & \text{当 } \max_i\max_l|a_l - a_l^i| \leq 2y_1 \text{ 时} \\ 0 < \zeta \leq 0.5 \text{ 或 } 0 < \zeta \leq y_2, & \text{当 } 1 \geq \max_i\max_l|a_l - a_l^i| > 2y_1 \text{ 时} \end{cases}$$

6.4.2 信息安全遵从非胜任力的灰关联度

假设参考矩阵为 $[a_1, a_2, \cdots, a_n]$，构造矩阵

$$M_1 = \begin{bmatrix} a_1 & a_2 & \cdots & a_n \\ a_1^1 & a_2^1 & \cdots & a_n^1 \\ \vdots & \vdots & \vdots & \vdots \\ a_1^m & a_2^m & \cdots & a_n^m \end{bmatrix}$$

其中，a_l^i 为第 i 位员工的信息安全遵从非胜任力的第 l 个评估指标值，$i=1, 2, \cdots, m$，$l=1, 2, \cdots, n$。由于各评估指标的量纲及数量级通常是不同的，因此，不能使用原始的评估指标值进行计算，需要对评估指标值进行规范化处理与无量纲化处理。值得注意的是，所进行的规范化处理与无量纲化处理有可能会导致序数效应问题，即若所进行的规范化处理与无量纲化处理不具有序数效应，则不能仅根据 ζ 的某一特定取值及某一种规范化方法或无

量纲化方法所获得的灰关联度的排序得出评估结论。可以利用初值化、均值化等方法来实现规范化与无量纲化处理。例如，假设 a_{min} 是被评测的 m 位员工的 m 个第 l 个评估指标值中的最小值，a_{max} 是被评测的 m 位员工的 m 个第 l 个评估指标值中的最大值，则 M_1 中的每个元素可以根据等式 $b_l^i = \frac{a_l^i - a_{min}}{a_{max} - a_l^i}$ 与 $b_l = \frac{a_l - a_{min}}{a_{max} - a_l}$ 变换为

$$M_2 = \begin{bmatrix} b_1 & b_2 & \cdots & b_n \\ b_1^1 & b_2^1 & \cdots & b_n^1 \\ \vdots & \vdots & \vdots & \vdots \\ b_1^m & b_2^m & \cdots & b_n^m \end{bmatrix}$$

因此，灰关联系数的求解公式变换为

$$c_i(l, \zeta) = \frac{\min_i \min_l |b_l - b_l^i| + \zeta \max_i \max_l |b_l - b_l^i|}{|b_l - b_l^i| + \zeta \max_i \max_l |b_l - b_l^i|} \quad (6.3)$$

又因为式（6.1）中的 W 为 n 个评估指标的权重矩阵为

$$W = [w_1, w_2, \cdots, w_n]^T$$

且满足 $\sum_{j=1}^{n} w_j = 1$，$j = 1, 2, \cdots, n$。因此，信息安全遵从非胜任力的灰关联度可表示为

$$g_i(\zeta) = \sum_{j=1}^{n} \sum_{l=1}^{n} w_j c_i(l, \zeta) \quad (6.4)$$

如果 $g_i(\zeta)$ 的值越大，就表明第 i 位员工个体的信息安全非胜任力越高。依据 $g_i(\zeta)$ 可以获得 m 位员工的灰色关联评估结果矩阵 G，$G = [g_1, g_2, \cdots, g_m]^T$。

6.4.3 灰评估指标权重的取值方法

式（6.4）中的权重 w_j 也是一种重要参数。对 w_j 进行合理取值将有利于降低灰关联系数的波动性对灰关联度的影响。因此，必须采用合理、有效的方法来确定 w_j 的值。已有的权重赋值方法主要包括以下几种：①主观赋权法，例如特征向量法、最小平方法、Delphi 法等；②客观赋权法，例如主成分分

析法、熵权法及多目标最优化方法等。在本章中,将采用一种新方法,即采用信息安全遵从非胜任力灰色模型与 AHP（Analytic Hierarchy Process）相结合的方法进行权重赋值。具体的权重赋值过程如下所述。

首先,依据信息安全遵从非胜任力灰色模型的层级特征来设置每类灰评估指标的权重取值范围:①鉴别性质的灰评估指标的权重最大,并取其权重皆大于或等于0.5;②基础性质的灰评估指标的权重次之,并取其权重皆小于或等于0.3;③情境性质的灰评估指标的权重最小,并取其权重皆小于或等于0.2。然后,作者构建了各权重的层次分析结构图,如图6-3所示。

A:信息安全遵从非胜任力的灰评估指标

B_1:情境性质的灰评估指标　　B_2:基础性质的灰评估指标　　B_3:鉴别性质的灰评估指标

C_1:压力度　C_2:变化度　C_3:对信息安全制度的认知缺失程度　C_4:计算机与网络知识技术的缺失程度　C_5:信息安全知识与技术的缺失程度　C_6:顺从度　C_7:胆怯度　C_8:悲伤度　C_9:悲观度　C_{10}:受难度　C_{11}:古怪度　C_{12}:危险度　C_{13}:利己度　C_{14}:多疑度

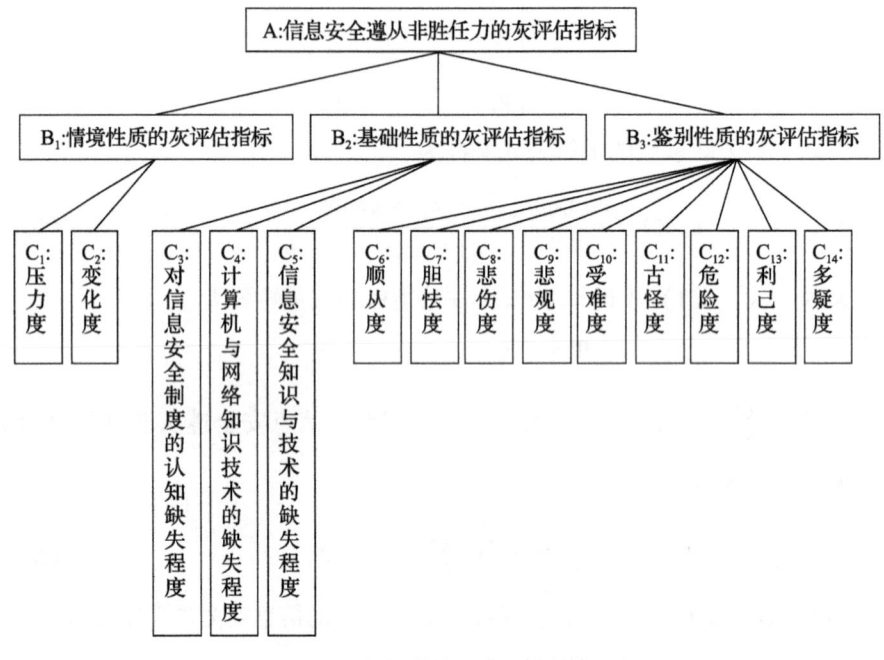

图6-3　各权重的层次分析结构图

对应于各层次结构的判断矩阵分别为:

$$A = \begin{bmatrix} 1 & 1 & 1/5 \\ 1 & 1 & 1/5 \\ 5 & 5 & 1 \end{bmatrix}$$

$$B_1 = \begin{bmatrix} 1 & 5 \\ 1/5 & 1 \end{bmatrix}$$

第6章 | 信息安全遵从非胜任力的灰色关联评估机制与方法

$$B_2 = \begin{bmatrix} 1 & 5 & 3 \\ 1/5 & 1 & 1/3 \\ 1/3 & 3 & 1 \end{bmatrix}$$

$$B_3 = \begin{bmatrix} 1 & 1/3 & 1 & 1/5 & 1/5 & 1 & 1/9 & 1/7 & 1 \\ 3 & 1 & 3 & 1/3 & 1/3 & 3 & 1/9 & 1/7 & 1 \\ 1 & 1/3 & 1 & 1/5 & 1/5 & 1 & 1/9 & 1/7 & 1 \\ 5 & 3 & 5 & 1 & 1 & 1/3 & 1/7 & 1/7 & 5 \\ 5 & 3 & 5 & 1 & 1 & 3 & 1/7 & 1/7 & 5 \\ 1 & 1/3 & 1 & 3 & 1/3 & 1 & 1/7 & 1/7 & 1 \\ 9 & 9 & 9 & 7 & 7 & 7 & 1 & 5 & 9 \\ 7 & 7 & 7 & 7 & 7 & 7 & 1/5 & 1 & 7 \\ 1 & 1 & 1 & 1/5 & 1/5 & 1 & 1/9 & 1/7 & 1 \end{bmatrix}$$

采用方根法计算后所得到的结果如表 6-1 所示。

表 6-1 利用方根法计算所获得的结果

矩阵	计算结果
矩阵 A	特征向量 $W_A = \begin{bmatrix} 0.143 \\ 0.143 \\ 0.714 \end{bmatrix}$; 最大特征根 $\lambda_{max} = 3$; 判断矩阵偏离一致性的指标 $CI = 0$; 同阶平均随机一致性指标 $RI = 0.58$; 随机一致性比率 $CR = 0$
矩阵 B_1	特征向量 $W_{B_1} = \begin{bmatrix} 0.833 \\ 0.167 \end{bmatrix}$; 最大特征根 $\lambda_{max} = 2$; 判断矩阵偏离一致性的指标 $CI = 0$; 同阶平均随机一致性指标 $RI = 0.367 \times 10^{-6}$; 随机一致性比率 $CR = 0$
矩阵 B_2	特征向量 $W_{B_2} = \begin{bmatrix} 0.637 \\ 0.105 \\ 0.258 \end{bmatrix}$; 最大特征根 $\lambda_{max} = 3.0385$; 判断矩阵偏离一致性的指标 $CI = 0.0193$; 同阶平均随机一致性指标 $RI = 0.58$; 随机一致性比率 $CR = 0.0332$

续表

矩阵	计算结果
矩阵B_3	特征向量 $W_{B_3} = \begin{bmatrix} 0.034 \\ 0.034 \\ 0.034 \\ 0.085 \\ 0.085 \\ 0.085 \\ 0.304 \\ 0.304 \\ 0.0337 \end{bmatrix}$; 最大特征根 $\lambda_{max} = 9.1732$; 判断矩阵偏离一致性的指标 $CI = 0.0217$; 同阶平均随机一致性指标 $RI = 1.45$; 随机一致性比率 $CR = 0.0149$

计算所得的各灰评估指标的权重值如表 6-2 所示。

表 6-2 权重的计算结果

灰评估指标	权重值
C_1：压力度	0.095
C_2：变化度	0.048
C_3：对信息安全制度的认知缺失程度	0.091
C_4：计算机与网络知识、技术的缺失程度	0.015
C_5：信息安全知识与技术的缺失程度	0.037
C_6：顺从度	0.024
C_7：胆怯度	0.024
C_8：悲伤度	0.024
C_9：悲观度	0.061
C_{10}：受难度	0.061
C_{11}：古怪度	0.061
C_{12}：危险度	0.217
C_{13}：利己度	0.217
C_{14}：多疑度	0.024

6.5 信息安全遵从非胜任力的灰关联评估过程

基于前面章节的论述内容，作者对所观测到的多个信息安全遵从非胜任力小样本数据集进行了灰关联评估计算。在进行灰关联评估计算之前，作者在相关领域的专家的指导下，先将每个评估指标的取值范围都划分为十个不同的级别。这十个级别分别对应于 1、2、3、4、5、6、7、8、9、10 这十个不同的序数型数值。若序数型数值越大，则表明其所对应的指标值越大。然后将观测数据集中的各指标值都转换为相应的序数值。本章仅对其中的两个小样本序数集进行计算评估。

1）第一个小样本数据集。

在此次评估过程中，作者使用 MCE（Modern Comprehensive Evaluation）软件及 MATLAB 软件对在一家企业内所调研的员工甲、员工乙、员工丙、员工丁、员工戊这五位内部员工的信息安全遵从非胜任力的各灰评估指标的序数型数值集合（如表 6-3 所示）进行了计算分析。依据作者提出的方法计算后所得到权重值、分辨系数的值及信息安全遵从非胜任力的灰排序结果如表 6-3、表 6-4、图 6-4 所示。

表 6-3 信息安全遵从非胜任力的灰评估指标权重及序数型数据集（一）

信息安全遵从非胜任力的灰评估指标	灰评估指标的权重	员工甲	员工乙	员工丙	员工丁	员工戊	参考数列
压力度	0.095	6	4	5	4	4	10
变化度	0.048	5	3	4	6	6	10
对信息安全制度的认知缺失程度	0.091	6	0	6	5	7	10
计算机与网络知识、技术的缺失程度	0.015	6	2	6	5	7	10
信息安全知识与技术的缺失程度	0.037	6	2	6	5	7	10
顺从度	0.024	5	4	6	6	4	10

续表

信息安全遵从非胜任力的灰评估指标	灰评估指标的权重	员工甲	员工乙	员工丙	员工丁	员工戊	参考数列
胆怯度	0.024	6	5	6	6	5	10
悲伤度	0.024	6	5	5	6	7	10
悲观度	0.061	5	4	6	6	6	10
受难度	0.061	6	4	6	5	7	10
古怪度	0.061	6	5	4	5	7	10
危险度	0.217	5	4	7	5	6	10
利己度	0.217	5	4	7	5	7	10
多疑度	0.024	7	4	5	6	7	10

表 6-4 信息安全遵从非胜任力的灰关联度评估结果（一）

分辨系数 ζ 的取值	信息安全遵从非胜任力的灰关联度	信息安全遵从非胜任力的灰关联度的分布区间/区间宽度	信息安全遵从非胜任力的灰关联序
$\zeta = 1$	0.895（甲） 0.797（乙） 0.938（丙） 0.874（丁） 0.951（戊）	[0.951, 0.797]/0.154	戊＞丙＞甲＞丁＞乙 （其中的灰数学符号"＞"表示"强于"）
$\zeta = 0.9$	0.888（甲） 0.784（乙） 0.934（丙） 0.865（丁） 0.948（戊）	[0.784, 0.948]/0.164	戊＞丙＞甲＞丁＞乙
$\zeta = 0.7$	0.868（甲） 0.752（乙） 0.922（丙） 0.843（丁） 0.939（戊）	[0.939, 0.752]/0.187	戊＞丙＞甲＞丁＞乙
$\zeta = 0.5$	0.841（甲） 0.709（乙） 0.907（丙） 0.811（丁） 0.926（戊）	[0.926, 0.709]/0.217	戊＞丙＞甲＞丁＞乙

续表

分辨系数 ζ 的取值	信息安全遵从非胜任力的灰关联度	信息安全遵从非胜任力的灰关联度的分布区间/区间宽度	信息安全遵从非胜任力的灰关联序
ζ = 0.3	0.800（甲） 0.648（乙） 0.883（丙） 0.764（丁） 0.908（戊）	[0.908, 0.648]/0.260	戊＞丙＞甲＞丁＞乙
ζ = 0.1	0.729（甲） 0.553（乙） 0.843（丙） 0.685（丁） 0.876（戊）	[0.553, 0.876]/0.323	戊＞丙＞甲＞丁＞乙

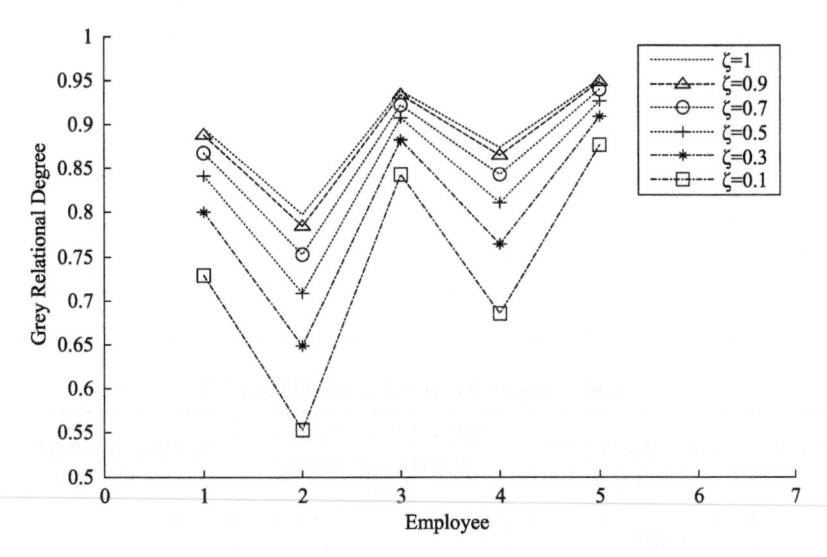

图 6-4 分辨系数取不同值时的信息安全遵从非胜任力灰关联度的比较（一）

2）第二个小样本数据集。

在此次评估过程中，作者使用 MCE 软件与 MATLAB 软件对所调研企业内的员工己、员工庚、员工辛、员工壬、员工癸这五位员工（见表 6-5）的信息安全遵从非胜任力进行了计算分析，所获得的评估结果如表 6-5、表 6-6、图 6-5 所示。

表 6-5　信息安全遵从非胜任力的灰评估指标权重及序数型数据集（二）

信息安全遵从非胜任力的灰评估指标	灰评估指标的权重	员工己	员工庚	员工辛	员工壬	员工癸	参考数列
压力度	0.095	6	7	4	5	5	10
变化度	0.048	5	7	6	3	4	10
对信息安全制度的认知缺失程度	0.091	6	5	7	4	5	10
计算机与网络知识、技术的缺失程度	0.015	5	5	6	4	6	10
信息安全知识与技术的缺失程度	0.037	5	5	5	4	5	10
顺从度	0.024	4	7	7	2	6	10
胆怯度	0.024	6	3	6	2	6	10
悲伤度	0.024	5	6	6	4	7	10
悲观度	0.061	3	5	7	4	7	10
受难度	0.061	5	6	7	3	6	10
古怪度	0.061	4	4	7	4	4	10
危险度	0.217	3	5	6	2	4	10
利己度	0.217	4	4	6	2	4	10
多疑度	0.024	6	6	7	3	5	10

表 6-6　信息安全遵从非胜任力的灰关联度评估结果（二）

分辨系数 ζ 的取值	信息安全遵从非胜任力的灰关联度	信息安全遵从非胜任力的灰关联度的分布区间/区间宽度	信息安全遵从非胜任力的灰关联序
$\zeta=1$	0.813（己） 0.860（庚） 0.928（辛） 0.737（壬） 0.843（癸）	[0.928, 0.737]/0.191	辛＞庚＞癸＞己＞壬 （其中的灰数学符号"＞"表示"强于"）
$\zeta=0.9$	0.802（己） 0.851（庚） 0.924（辛） 0.722（壬） 0.833（癸）	[0.924, 0.722]/0.202	辛＞庚＞癸＞己＞壬

续表

分辨系数 ζ 的取值	信息安全遵从非胜任力的灰关联度	信息安全遵从非胜任力的灰关联度的分布区间/区间宽度	信息安全遵从非胜任力的灰关联序
$\zeta=0.7$	0.774（己） 0.830（庚） 0.912（辛） 0.688（壬） 0.809（癸）	[0.912, 0.688]/0.224	辛＞庚＞癸＞己＞壬
$\zeta=0.5$	0.738（己） 0.800（庚） 0.895（辛） 0.643（壬） 0.777（癸）	[0.895, 0.643]/0.252	辛＞庚＞癸＞己＞壬
$\zeta=0.3$	0.687（己） 0.759（庚） 0.871（辛） 0.582（壬） 0.732（癸）	[0.871, 0.582]/0.289	辛＞庚＞癸＞己＞壬
$\zeta=0.1$	0.611（己） 0.697（庚） 0.832（辛） 0.497（壬） 0.663（癸）	[0.832, 0.497]/0.335	辛＞庚＞癸＞己＞壬

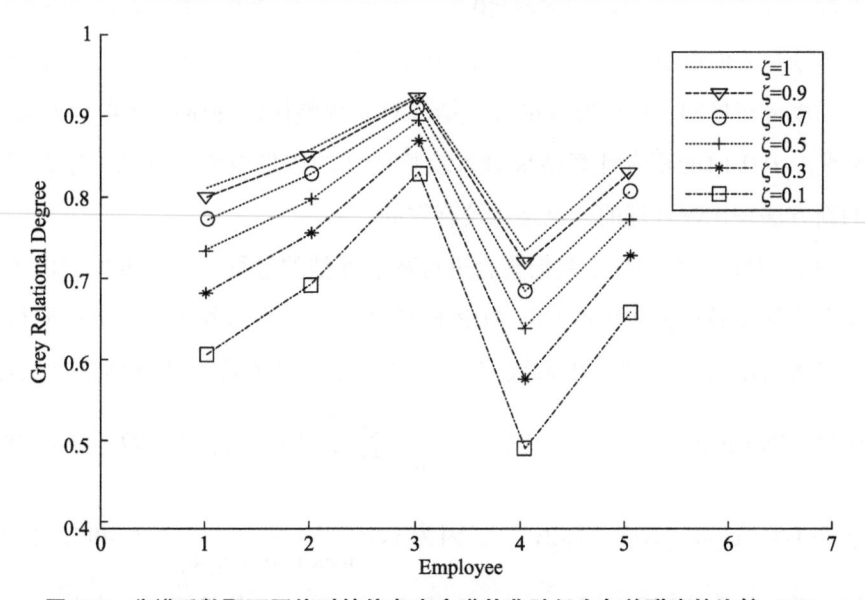

图 6-5　分辨系数取不同值时的信息安全遵从非胜任力灰关联度的比较（二）

6.6 讨论与分析

1) 在对第一个小样本数据集进行灰色评估的过程中,作者使用了信息安全遵从非胜任力灰色模型与 AHP 相结合的方法计算了各灰评估指标的权重值。这种权重计算新方法既有利于合理地确定所需的各灰评估指标,也有利于提高各灰评估指标权重取值的客观性与合理性。通过使用本书所提出的分辨系数取值新方法,也获得了一些计算结果。例如,初值化后的 $\max_i\max_l |a_l-a_l^i|=1$, $y_1=\frac{1}{mn}\sum_{l=1}^{n}\sum_{i=1}^{m}|a-a_l^i|=0.47$。此时满足了条件 $1\geqslant\max_i\max_l|a_l-a_l^i|>2y_1$。又因为有 $y_2=\frac{y_1}{\max_i\max_l|a_l-a_l^i|}=0.47$,所以分辨系数 ζ 的取值范围应为 $0<\zeta\leqslant 0.5$ 或 $0<\zeta\leqslant y_2$。依据表 6-5 中所列出的信息安全遵从非胜任力的灰关联度分布区间、区间宽度、灰排序等计算结果可以确认,分辨系数 ζ 的取值范围的确应该选择为 $0<\zeta\leqslant 0.5$ 或 $0<\zeta\leqslant y_2$。例如,可取 $\zeta=0.5$ 或 $\zeta=0.3$ 或 $\zeta=0.1$。比较而言,如果依据已有的相关研究工作所提出的方法计算后,可知分辨系数 ζ 的取值范围须为 $0.705<\zeta\leqslant 0.94$。然而,依据表 6-5 中的内容可以判断:当分辨系数 ζ 的取值范围为 $0.705<\zeta\leqslant 0.94$ 时,例如,当 $\zeta=0.9$ 或 $\zeta=1$ 时的灰关联度分布区间、区间宽度的计算结果对系统整体性的体现效果不如取 $\zeta=0.3$ 或 $\zeta=0.1$ 时的相应计算结果对系统整体性的体现效果。可见,作者所提出的新方法是比较合理的,也是比较有效的。

2) 在对第二个小样本数据集合进行灰色评估的过程中,作者也使用了信息安全遵从非胜任力灰色模型与 AHP 相结合的方法计算各灰评估指标的权重值。作者利用所提出的分辨系数取值新方法也获得了若干计算结果。例如,初值化后的 $\max_i\max_l|a_l-a_l^i|=0.8$, $y_1=\frac{1}{mn}\sum_{l=1}^{n}\sum_{i=1}^{m}|a-a_l^i|=0.497$。此时满足了条件 $1\geqslant\max_i\max_l|a_l-a_l^i|>2y_1$。又因为 $y_2=\frac{y_1}{\max_i\max_l|a_l-a_l^i|}=0.497$,所以,分辨系数 ζ 的取值范围应为 $0<\zeta\leqslant 0.5$ 或 $0.5<\zeta\leqslant 2y_2$。依据表 6-7 中的信息安

全遵从非胜任力的灰色关联度分布区间、区间宽度、灰关联序等计算结果可以确认，分辨系数 ζ 的取值范围的确应该选择为 $0<\zeta\leq0.5$ 或 $0.5<\zeta\leq0.7$。例如，可取 $\zeta=0.7$，或 $\zeta=0.5$，或 $\zeta=0.3$，或 $\zeta=0.1$。这也表明了作者所提出的新方法具有一定的合理性与有效性。比较而言，如果依据已有的相关研究工作所提出的方法计算后可知，分辨系数 ζ 的取值范围须为 $0.932\leq\zeta\leq1$。然而，从表 6-6 中的内容可以判断：当分辨系数 ζ 的取值范围为 $0.932\leq\zeta\leq1$ 时的相应计算结果对系统整体性的体现效果较差。例如，当取 $\zeta=1$ 时，所得到的灰关联度分布区间、区间宽度等计算结果对系统整体性的体现效果明显低于取 $\zeta=0.5$ 或 $\zeta=0.3$ 或 $\zeta=0.1$ 时的相应计算结果对系统整体性的体现效果。

3）作者的研究结果同时表明，相关文献中所提出的"在最小信息原理下，分辨系数的值可取 0.5"这个定理是正确的、可行的。这里的最小信息原理是指，如果没有其他更多的信息可被利用，那么就充分利用现有信息。依据作者的研究结果可知，选取 $\zeta=0.5$ 就是一个可行的选择。

4）作者的研究结果与"解的非唯一性原理"的思想也是一致的，即"若没有理由否认 y 为解，则默认 y 为解；求解途径不同，则默认解不唯一"。例如，在对第一个小样本数据集进行评估计算的过程中，可取 $\zeta=0.5$ 或 $\zeta=0.3$ 或 $\zeta=0.1$；在对第二个小样本数据集进行评估计算的过程中，可取 $\zeta=0.7$ 或 $\zeta=0.5$ 或 $\zeta=0.3$ 或 $\zeta=0.1$。

6.7 本章小结

在本章，作者将信息安全遵从非胜任力看作是一个灰色系统，提出了一种新的正式控制机制：信息安全遵从非胜任力的灰色评估机制与灰色评估方法。构建了信息安全遵从非胜任力的灰色模型，提出了十四个灰评估指标，论述了可以使用"信息安全遵从非胜任力灰色模型+AHP"这种新方法更合理、有效地计算各灰评估指标的权重值，还提出了一个新方法来确定灰分辨系数的合理赋值。研究结果表明，作者所提出的信息安全遵从非胜任力的灰色评估机制与灰色评估方法是合理的、有效的。

第7章 基于灰色理论和信息熵理论量化信息安全遵从的整体态势

作者在前面章节曾提出，对组织内部雇员的信息安全行为进行评估是对此类行为进行组织管理控制的有效方法之一，也是值得研究的重要问题之一。在本章中，作者仍将组织内部雇员的信息安全遵从行为看作一种少数据、小样本及具有不确定性的灰色系统。信息安全遵从行为所具有灰色性质使"如何定量地描述组织内部雇员群体的信息安全遵从行为的整体态势"这个问题成了一个值得研究的难题。

近年来，一些相关研究工作提出了一个研究问题：由于信息系统的安全保障在很大程度上依赖于组织内部雇员们的信息安全遵从行为，因此，有必要对此类行为进行广泛且深入的研究。已有若干实证研究工作着重论述了若干因素对信息安全遵从意图的影响作用。这些实证研究工作还将信息安全遵从意图假设为遵从行为的直接逻辑前因（The Immediate Antecedent）。然而，对雇员的信息安全遵从意图及其影响因素的准确测量往往是很难实现的，且信息安全遵从意图或非遵从意图并不一定会导致信息安全遵从行为或者非遵从行为的发生。鉴于此，作者认为有必要针对信息安全遵从行为而非针对信息安全遵从意图来开展研究工作。作者进而提出，为了实现对此类行为的科学管理，需要从组织管理控制的视角提出用以定量评估雇员群体的信息安全遵从行为的整体态势（Holistic State）的重要机制与方法。这种评估机制与方法之所以是重要的，是因为对雇员群体的信息安全遵从行为的整体态势进行定量描述会有以下几个作用：①有助于管理者更准确地分析与掌控这类行为；②有助于管理者更准确地分析信息安全制度的实施效果；③有助于了解信息安全防范技术在组织内部的采纳使用效果；④有助于信息安全问责制的具体实施。

信息安全遵从整体状态的量化被认为是信息安全评估分析过程中的重要问题和重要环节之一。该问题已经引起了人们的重视。例如，Barabanov 等指出，有必要研究如何将测量行为细节的低阶评估方法演变为测量系统整体状态的高阶评估方法。在 Barabanov 等学者的研究思想的启发下，作者指出，应考虑到以下几点：①熵是对被测系统的不确定性的最佳测度，也是对被测系统的随机性的理想度量，又能反映概率的灵敏度；②Shannon 所提出的信息熵（Information Entropy）理论公式中有一个负号，这表明信息熵与热力学熵所表示的方向相反，即信息熵表示的是被测系统的有序程度，而非被测系统的无序状态；③当被测系统处于某一状态时，熵具有确定的值，且由独立事件所组成的复合事件的信息熵具有可加性、单值性与极值性，因此，如果假设每位雇员的信息安全遵从行为是相互独立的，再将雇员个体的信息安全遵从行为看作一个离散型的随机变量，那么就可以基于熵理论及其他理论对在组织内部承担着信息安全遵从任务的雇员群体所构成的被测系统的整体状态进行量化和评估。然而，如何求解此系统的熵值是一个看似简单实则复杂的问题。在本章中，作者将尝试通过灰色理论与信息熵理论计算与评估雇员群体的信息安全遵从的整体态势。

7.1 信息安全遵从行为熵

信息熵理论已被用于研究人类的某些行为。例如，在人机交互研究领域内，信息熵理论被用以评估工作负载及雇员的多任务行为。在本书中，作者先尝试基于信息熵理论来构建用以量化和评估组织内部雇员群体的信息安全遵从行为的整体态势的数学模型。

作者将"一次遵从"定义为某位雇员对某一项信息安全制度条款的适当执行。假设组织内部某雇员群体的总人数为 n_1，并令 x_i 为第 i 位雇员的信息安全遵从次数，$i = 1, 2, \cdots, n_1$，则可将该雇员群体在某一评估周期内的信息安全遵从次数的分布表示为 $(x_1, x_2, \cdots, x_{n_1})$，并记 $\sum_{i=1}^{n_1} x_i = X_{n_1}$。其中，$X_{n_1}$ 表示该雇员群体在此评估周期内的信息安全遵从次数的总和。设 x_i 所对应的发生概率为 $P(x_i) = x_i / X_{n_1}$，且 $\sum_{i=1}^{n_1} P(x_i) = 1$，则用以评估该雇员群体的信息安全遵从整体态势的数学模型可表示为

$$H_{ISCBE} = -\sum_{i=1}^{n_1} P(x_i) \ln P(x_i) \tag{7.1}$$

在式（7.1）中，须规定 $0 * \ln(0) = 0$。作者将 H_{ISCBE} 称为信息安全遵从行为熵（Information Security Compliance Behaviors Entropy）。

需要特别强调的是，作者所提出的 H_{ISCBE} 模型与 Shannon 所提出的信息熵模型有所不同。该模型并非仅是对 Shannon 所提出的信息熵公式的简单借用或改写。H_{ISCBE} 模型中的 x_i 的具体取值本身所蕴含的信息与概率 $P(x_i)$ 所代表的信息是完全不同。例如，如果获悉某位雇员的遵从次数为10，而另一位雇员的遵从次数为11，那么作者认为，这里的数值"11"所代表的信息及熵值都不同于数值"10"所代表的信息和熵值，因此，不能仅依据数值"11"与"10"各自出现的概率来计算熵值，即在本书中，H_{ISCBE} 值的计算并非仅是利用 $P(x_i)$ 所代表的信息来计算熵值，作者还同时考虑了信息安全遵从次数的具体取值情况中所蕴含的新信息。这种理论内涵在本章的后续内容中（例如在作者所提出的离散熵 H_{DISCBE} 模型中）将会得到更明显地体现。

由式（7.1）可知，如果 H_{ISCBE} 的值越大，那么被评估的雇员群体的信息安全遵从行为的整体态势就越好。现举出一个算例：某雇员群体中共有6位雇员，这些雇员皆被组织委派去遵从信息安全制度的19项条款。经小样本数据采集后得知，在四个不同的评估周期内，这些雇员的遵从次数分布分别为 (18, 11, 9, 2, 5, 15)、(19, 3, 1, 3, 2, 3)、(19, 19, 19, 19, 19, 19) 及 (4, 4, 4, 4, 4, 4)。依据式（7.1）计算后可得，这四个分布所对应的 H_{ISCBE} 值分别为 1.548、1.342、1.792、1.792。从这四个 H_{ISCBE} 值可以看出，被评估的雇员群体在 (19, 19, 19, 19, 19, 19) 与 (4, 4, 4, 4, 4, 4)

这两个分布所对应的两个评估周期内的信息安全遵从行为的整体态势较好，且在这两个评估周期内的信息安全遵从的整体态势是相同的。然而，（19，19，19，19，19，19）与（4，4，4，4，4，4）这两个分布所表示的遵从态势显然应该是不同的，即分布（19，19，19，19，19，19）所对应的遵从整体态势显然应该比分布（4，4，4，4，4，4）所对应的遵从整体态势更好。可见，信息安全遵从行为熵模型是有缺陷的。鉴于此，作者必须继续完善该模型以期区别开分布（x_1，x_1，…，x_1）、（x_2，x_2，…，x_2）…（x_{n_1}，x_{n_1}，…，x_{n_1}）所各自对应的信息安全遵从的整体态势。

作者在依据式（7.2）对信息安全遵从行为熵模型进行了规范化处理之后，获得了规范化的信息安全遵从行为熵（Normalized Information Security Compliance Behaviors Entropy）的数学模型

$$H_{NISCBE} = -\frac{\sum_{i=1}^{n_1} P(x_i) \ln P(x_i)}{\ln(n_1)} \qquad (7.2)$$

式（7.2）中的$\ln(n_1)$是H_{NISCBE}的最大值。H_{NISCBE}的取值区间为[0, 1]。

由式（7.2）可知，当（x_1，x_2，…，x_{n_1}）中的x_1、x_2…x_{n_1}各自的值趋同且都比较大时，H_{NISCBE}的值会比较大。经过计算后得知，四个分布（18，11，9，2，5，15）、（19，3，1，3，2，3）、（19，19，19，19，19，19）及（4，4，4，4，4，4）所对应的H_{NISCBE}值分别为0.864、0.748、1、1。可以发现，（19，19，19，19，19，19）与（4，4，4，4，4，4）这两个计数分布各自所对应的H_{NISCBE}值仍未被区分开。

7.2 灰关联熵及均衡接近度计算方法中所存在的问题

作者继续尝试使用文献中所提出的灰熵方法来解决上述问题。具体的计算过程如下所述。

（1）理想的信息安全遵从次数序列为$X^* \stackrel{\text{def}}{=} \{x_{n_j}^* \mid n_j = 1, \cdots, n_1\} = \{19, 19, \cdots, 19\}$，$n_1 = 6$。

(2) 被评估的信息安全遵从次数序列 $X \stackrel{\text{def}}{=} \{x_{n_j} \mid n_j = 1, \cdots, n_1\} = \{4, 4, \cdots, 4\}$ 所对应的遗憾值序列为 $R \stackrel{\text{def}}{=} \{R_{11}, R_{12}, \cdots, R_{1n_1} \mid R_{1n_j} = \mid x_{n_j}^* - x_{n_j} \mid, n_j = 1, \cdots, n_1\} = \{15, 15, \cdots, 15\}$。

(3) 计算灰关联度。设初值化处理方法为取 $x'_{n_j} \stackrel{\text{def}}{=} \dfrac{x_{n_j}}{x_{n_j}^*}$，则 $X = \{4, 4, \cdots, 4\}$ 被初值化后变为序列 $X' \stackrel{\text{def}}{=} \{x'_{n_j} \mid n_j = 0, 1, \cdots, n_1\} = \left\{\dfrac{4}{19}, \dfrac{4}{19}, \cdots, \dfrac{4}{19}\right\}$；差值序列 $\Delta_{n_j} \stackrel{\text{def}}{=} \{x'_{n_j} \mid n_j = 1, \cdots, n_1\} = \left\{\dfrac{15}{19}, \dfrac{15}{19}, \cdots, \dfrac{15}{19}\right\}$；根据灰关联系数的求解公式，可设灰关联系数 $r_{1nj} = \dfrac{\min_1 \min_{n_j} \Delta_{n_j} + \zeta \times \max_1 \max_{n_j} \Delta_{n_j}}{\Delta_{n_j} + \zeta \times \max_1 \max_{n_j} \Delta_{n_j}}$，其中，$\min_1 \min_{n_j} \Delta_{n_j} = \dfrac{15}{19}$，$\max_1 \max_{n_j} \Delta_{n_j} = \dfrac{15}{19}$，$\Delta_{n_j} = \{\mid 1 - x'_{n_j} \parallel = 1, \cdots, n_1\} = \left\{\dfrac{15}{19}, \dfrac{15}{19}, \cdots, \dfrac{15}{19}\right\}$，灰分辨系数 $\zeta = 0.5$，可得灰关联系数序列为 $r_1 \stackrel{\text{def}}{=} \{r_{11}, r_{12}, \cdots, r_{1n_1}\} = \{1, 1, \cdots, 1\}$；进而可得关联度 $r(X^*, X) \stackrel{\text{def}}{=} \dfrac{1}{n_1} \sum_{n_j=1}^{n_1} r_{1nj} = 1$。

(4) 遗憾值序列 $\{15, 15, \cdots, 15\}$ 的归一化序列为 $R' \stackrel{\text{def}}{=} \{R'_{11}, R'_{12}, \cdots, R'_{1n_j}\} = \left\{\dfrac{1}{6}, \dfrac{1}{6}, \cdots, \dfrac{1}{6}\right\}$。

(5) 序列 R' 的灰熵 $H(R') \stackrel{\text{def}}{=} -\sum_{n_j=1}^{n_1} R'_{1n_j} \ln R'_{1n_j} = \ln 6$；灰熵的极大值 $H(R')_{max} \stackrel{\text{def}}{=} \ln n_1 = \ln 6$。

(6) 序列 R' 的均衡度 $B \stackrel{\text{def}}{=} \dfrac{H(R')}{H(R')_{max}} = 1$。

(7) 均衡接近度为 $C \stackrel{\text{def}}{=} r(X^*, X) \times B = 1$。

然而，均衡接近度等于1意味着灰熵方法依然无法区分开（19, 19, 19, 19, 19, 19）与（4, 4, 4, 4, 4, 4）这两个分布所分别对应的信息安全遵从的整体态势。

作者在此计算过程中还发现了若干重要疑问，即相关文献中所给出的灰熵的概念、灰熵增定理、均衡度及均衡度接近度的求解方法等皆可能存在着理论漏洞。鉴于此，作者先对灰熵的概念、灰熵增定理、均衡度及均衡度接近度的求解方法等进行了改进，然后使用改进后的灰熵方法来评估雇员群体的信息安全遵从行为的整体态势。具体的改进过程如下所述。

定义 设有限离散序列 $X = \{x_{n_j} \mid \forall n_j, x_{n_j} \geq 0, n_j = 1, 2, \cdots, n_1\}$，且存在理想的有限离散序列 $X^* \stackrel{def}{=} \{x_{n_j}^* \mid x_{n_j}^*$ 是 x_{n_j} 的最大的理想取值，$n_j = 1, 2, \cdots, n_1\}$，以及附加条件 $\sum_{n_j=1}^{n_1} x_{n_j} = 1$，并规定 $0\ln 0 \stackrel{def}{=} 0$，则称

$$H(X) \stackrel{def}{=} -k \sum_{n_j=1}^{n_1} x_{n_j} \ln x_{n_j} \tag{7.3}$$

为有限离散序列 X 的离散灰熵（Discreted Grey Entropy）。其中，k 是一个重要的可变系数，可取 $k = \dfrac{\min x_{n_j}}{x_{n_j}^*}$，$\min x_{n_j}$ 为有限离散序列 X 中的最小值。k 也可以取比 $\dfrac{\min x_{n_j}}{x_{n_j}^*}$ 更小的或更大的值。

离散灰熵增定理 假设存在以下几种情况：①有限离散序列 $X = \{x_{n_j} \mid \forall n_j, x_{n_j} \geq 0, n_j = 1, 2, \cdots, n_1\}$；②理想序列 $X' \stackrel{def}{=} \{x_{n_j}^* \mid x_{n_j}^*$ 是 x_{n_j} 的最大的理想取值，$n_j = 1, \cdots, n_1\}$；③遗憾序列 $R \stackrel{def}{=} \{x_1^* - x_1, x_2^* - x_2, \cdots, x_{n_1}^* - x_{n_1}\}$；④ $0\ln 0 \stackrel{def}{=} 0$；⑤ $H(R') \stackrel{def}{=} -k \sum_{n_j=1}^{n_1} \dfrac{x_{n_j}^* - x_{n_j}}{\sum_{n_j=1}^{n_1}(x_{n_j}^* - x_{n_j})} \ln \dfrac{x_{n_j}^* - x_{n_j}}{\sum_{n_j=1}^{n_1}(x_{n_j}^* - x_{n_j})}$ 为归一化处理后的有限离散序列 $\{x_1^* - x_1, x_2^* - x_2, \cdots, x_{n_1}^* - x_{n_1}\}$ 的离散灰熵，如果 $x_1^* - x_1, x_2^* - x_2, \cdots, x_{n_j}^* - x_{n_j}, \cdots, x_{n_1}^* - x_{n_1}$ 的值均变大，则以序列 $\{x_1^* - x_1, x_2^* - x_2, \cdots, x_{n_1}^* - x_{n_1}\}$ 来表示的系统状态所对应的离散熵值也会增大。

证明 因为 $H(R')$ 是上凸函数，所以 $H(R')$ 必有极大值。现构造 Lagrange 函数

$$La = -k \sum_{n_j=1}^{n_1} \dfrac{x_{n_j}^* - x_{n_j}}{\sum_{n_j=1}^{n_1}(x_{n_j}^* - x_{n_j})} \ln \dfrac{x_{n_j}^* - x_{n_j}}{\sum_{n_j=1}^{n_1}(x_{n_j}^* - x_{n_j})} + \lambda \left[\sum_{n_j=1}^{n_1} \dfrac{x_{n_j}^* - x_{n_j}}{\sum_{n_j=1}^{n_1}(x_{n_j}^* - x_{n_j})} - 1 \right]$$

其中，λ 为 Lagrange 乘子；$\sum_{n_j=1}^{n_1} \dfrac{x_{n_j}^* - x_{n_j}}{\sum_{n_j=1}^{n_1}(x_{n_j}^* - x_{n_j})} = 1$ 为附加条件。若令 La 对 $x_{n_j}^* - x_{n_j}$ 的导数等于零，则可推断出 $x_1^* - x_1 = x_2^* - x_2 = \cdots = x_{n_1}^* - x_{n_1} = e^{\frac{1}{k}(\lambda-1)}$。这意味着，当 $x_1^* - x_1 = x_2^* - x_2 = \cdots = x_{n_1}^* - x_{n_1} = e^{\frac{1}{k}(\lambda-1)}$ 时，离散灰熵 $H(R')$ 可取得极大值。又因 $H(R')$ 是上凸函数，故离散灰熵增定理可证。

离散灰熵的极大值的确定：因为 $\sum_{n_j=1}^{n_1} \dfrac{x_{n_j}^* - x_{n_j}}{\sum_{n_j=1}^{n_1}(x_{n_j}^* - x_{n_j})} = 1$，且 $x_1^* - x_1 = x_2^* - x_2 = \cdots = x_{n_1}^* - x_{n_1}$，所以离散灰熵 $H(R')$ 的极大值为 $H(R')_{max} = \ln n_1$。

归一化处理后的有限离散序列 $\{x_1^* - x_1, x_2^* - x_2, \cdots, x_{n_1}^* - x_{n_1}\}$ 的均衡度为

$$B = \frac{H(R')}{H(R')_{max}} \qquad (7.4)$$

若初值化后的有限离散序列 X 与理想序列 X^* 的灰关联度为 $r(X^*, X)$，则有限离散序列 X 的均衡接近度为

$$C = B \times r(X^*, X) \qquad (7.5)$$

依据改进后的方法来分析（4, 4, 4, 4, 4, 4）这个分布所分别对应的信息安全遵从的整体态势，并令可变系数 $k = \dfrac{4}{19}$，可得：①关联度 $r(X^*, X) = 1$；②归一化序列 R' 的灰熵 $H(R') = \dfrac{4}{19}\ln 6$；离散灰熵的极大值 $H(R')_{max} = \ln 6$；③归一化序列 R' 的均衡度 $B = \dfrac{4}{19}$；④均衡接近度 $C = \dfrac{4}{19}$。均衡接近度等于 $\dfrac{4}{19}$ 意味着改进后的灰熵方法可以区分（19, 19, 19, 19, 19, 19）与（4, 4, 4, 4, 4, 4）这两个分布所分别对应的信息安全遵从的整体态势，即该模型可以区别在 $(x_1, x_1, \cdots, x_1)$、$(x_2, x_2, \cdots, x_2)$ … $(x_{n_1}, x_{n_1}, \cdots, x_{n_1})$ 所各自对应的信息安全遵从的整体态势。

然而，经过继续分析，作者又发现了若干重要疑问：在均衡度的求解过

程中，不宜对有限离散序列 $\{x_1^*-x_1, x_2^*-x_2, \cdots, x_{n_1}^*-x_{n_1}\}$ 进行归一化处理，因为原数据本身是含有不同的信息的，而对原数据进行归一化处理必然会导致原数据本身所包含的信息发生畸变。例如，作者先设置了理想序列为（20，20，20，20，20，20），然后依据灰熵方法对（17，15，15，11，13，15）、（14，13，13，9，12，9）、（4，13，16，6，11，7）这三个数据序列（或称为数据分布）进行计算，得到了其所各自对应的均衡接近度 0.122、0.200、0.119。（17，15，15，11，13，15）所对应的均衡接近度本应大于（14，13，13，9，12，9）所对应的均衡接近度，然而，从计算结果可以看出，依据灰熵方法所得到的均衡接近度显然是不合理的。因此，可以推断出，相关文献中所提出的灰熵理论可能只适用于或更适用于对各数据必须满足 $\sum_{n_j=1}^{n_1} x_{n_j} = 1$ 这个约束条件的原数据序列进行计算，而非将原数据进行归一化后再计算熵值。

鉴于此，在计算均衡接近度的过程中，作者又对均衡接近度计算方法进行了改进：直接对原数据序列进行信息安全遵从行为的离散熵的计算，再去求均衡度及均衡接近度的值。例如，在采用了这种新方法后，经计算后所得到的对应于（17，15，15，11，13，15）、（14，13，13，9，12，9）、（4，13，16，6，11，7）这三个数据序列的均衡接近度分别为 0.326、0.221、0.158。可见，作者所提出的改进方法是比较合理的、有效的。其中，作者所提出的信息安全遵从行为的离散熵的具体建模过程及计算过程如下文所述。

7.3 信息安全遵从行为的离散熵

作者所提出的信息安全遵从行为的离散熵（Discreted Entropy of Information Security Compliance Behaviors）的数学模型为

$$H_{DISCBE} = -d \sum_{i=1}^{n_1} P(x_i) \ln P(x_i) \tag{7.6}$$

其中，d 是一个重要的系数，作者将其称为熵分辨系数（或称为熵调节系数）。

$$d = \frac{\sum_{i=1}^{n_1} x_i}{n_1 m_1 \ln(n_1)} \tag{7.7}$$

其中，m_1 表示每位雇员个体所应遵从的信息安全制度条款的总数。将式 (7.7) 带入式 (7.6) 可得

$$H_{DISCBE} = -\frac{\sum_{i=1}^{n_1} x_i}{n_1 m_1 \ln(n_1)} \sum_{i=1}^{n_1} P(x_i) \ln P(x_i) \tag{7.8}$$

如果 H_{DISCBE} 的值越大，那么就表明被评估的雇员群体的信息安全遵从行为的整体态势越好。例如，经过计算后可知，若取理想序列分布为 (19, 19, 19, 19, 19, 19)，则 (19, 19, 19, 19, 19, 19) 与 (4, 4, 4, 4, 4, 4) 这两个计数分布所对应的 H_{DISCBE} 值分别为 0.210 与 1。在此计算过程中，作者取 $m_1 = 19$。因此，可以初步推断出，所提出的信息安全遵从行为的离散熵可以用以计算并区别 $(x_1, x_1, \cdots, x_1)$、$(x_2, x_2, \cdots, x_2) \cdots (x_{n_1}, x_{n_1}, \cdots, x_{n_1})$ 所各自对应的信息安全遵从行为的整体态势。

7.4 信息安全遵从行为整体态势的均衡接近度及离散熵评估过程

上文主要论述了本书所提出的均衡接近度的求解方法，以及 H_{DISCBE} 模型的合理性。进而，有必要采集信息安全遵从行为的小样本数据以进一步计算、验证改进后的灰熵均衡接近度的计算方法，以及 H_{DISCBE} 模型的可用性与有效性。为此，作者随机选择了三家信息化程度较高，且信息安全制度比较完备的国内企业进行调研。这三家企业分别是位于上海市的一家数据服务公司，位于大连市的一家软件开发公司，以及大连机车厂的一个业务部门。前两家企业的主营业务是信息技术服务与软件开发，而大连机车厂是一家规模较大的国有车辆制造企业（如表 7-1~表 7-4 所示）。所使用的数据采集方法主要包括以下两种：①调查问卷（附录）：基于 NIST Special Publication 800-55

(Revision 1)的内容设计了问卷的测试项,且增加了一个测量项,即每位雇员对信息安全制度各条款的具体内容的掌握程度。该问卷共包含20个测量项。通过电子邮件将调查问卷逐一发放给这三家企业内的被测雇员。作者恳请这些雇员如实地回答其在2010年、2011年、2012年这三个年度内的信息安全制度遵从情况,并承诺对其所填写的问卷数据进行严格保密。②访谈:依据所设计的调查问卷中的具体内容,作者还对被测部门(或团队)的经理们进行了访谈。在对这些部门或团队的经理们进行访谈的过程中,作者要求这些经理参考调查问卷中的所有测试项的具体内容来对其所领导的全部雇员在2010年、2011年、2012年这三个年度内的信息安全遵从整体态势给出定性的等级。信息安全遵从态势的等级分为非常好、好、中、差、非常差五个级别。这些经理们所给出的遵从态势等级被作者记录于表7-2、表7-3中。

表7-1 信息安全遵从整体态势的均衡接近度

企业名称	部门/团队	年度	小样本数据	信息安全遵从均衡接近度
数据服务公司	部门1	2010	(17, 15, 15, 11, 13, 15)	0.326
		2011	(14, 13, 13, 9, 12, 9)	0.221
		2012	(4, 13, 16, 6, 11, 7)	0.158
	部门2	2010	(7, 13, 11, 9, 10, 11, 12, 17, 11)	0.150
		2011	(6, 8, 13, 10, 10, 10, 12, 13, 9)	0.140
		2012	(5, 11, 14, 10, 8, 10, 8, 13, 11)	0.137
软件开发公司	开发团队	2010	(11, 16, 12, 7, 18, 10, 16, 13, 17, 8, 17, 14, 10, 15, 8, 9, 11, 10, 14)	0.138
		2011	(10, 16, 11, 5, 17, 10, 10, 9, 10, 7, 15, 8, 8, 14, 10, 11, 7, 7, 12)	0.100
		2012	(6, 18, 11, 6, 16, 10, 8, 10, 9, 8, 18, 9, 7, 13, 8, 8, 5, 6, 12)	0.095
大连机车厂	部门1	2010	(14, 10, 9, 11, 12, 14, 15, 18, 12, 10)	0.179
		2011	(6, 7, 8, 15, 13, 14, 11, 13, 5, 6)	0.116
		2012	(13, 6, 6, 10, 9, 8, 13, 7, 12, 9)	0.106

表 7-2 信息安全遵从小样本数据及 2010、2011、2012 年度的整体遵从态势评估结果

企业名称	部门/团队	年度	小样本数据	信息安全遵从离散熵/信息安全遵从态势等级（问卷/雇员）	信息安全遵从态势的等级（访谈/经理）
数据服务公司	部门1	2010	(17, 15, 15, 11, 13, 15)	0.713/Good	Good
		2011	(14, 13, 13, 9, 12, 9)	0.580/Fair	Fair
		2012	(4, 13, 16, 6, 11, 7)	0.450/Fair	Fair
	部门2	2010	(7, 13, 11, 9, 10, 11, 12, 17, 11)	0.496/Fair	Fair
		2011	(6, 8, 13, 10, 10, 10, 12, 13, 9)	0.456/Fair	Fair
		2012	(5, 11, 14, 10, 8, 10, 8, 13, 11)	0.449/Fair	Fair
软件开发公司	开发团队	2010	(11, 16, 12, 7, 18, 10, 16, 13, 17, 8, 17, 14, 10, 15, 8, 9, 11, 10, 14)	0.613/Good	Good
		2011	(10, 16, 11, 5, 17, 10, 10, 9, 10, 7, 15, 8, 8, 14, 10, 11, 7, 7, 12)	0.509/Fair	Fair
		2012	(6, 18, 11, 6, 16, 10, 8, 10, 9, 8, 18, 9, 7, 13, 8, 8, 5, 6, 12)	0.485/Fair	Fair
大连机车厂	部门1	2010	(14, 10, 9, 11, 12, 14, 15, 18, 12, 10)	0.626/Good	Fair
		2011	(6, 7, 8, 15, 13, 14, 11, 13, 5, 6)	0.475/Fair	Fair
		2012	(13, 6, 6, 10, 9, 8, 13, 7, 12, 9)	0.459/Fair	Fair

表 7-3 存储介质保护行为的小样本数据及 2010、2011、2012 年度内此种行为的整体态势评估结果

企业名称	部门	年度	小样本数据	信息安全遵从离散熵/信息安全遵从态势等级（问卷/雇员）	信息安全遵从态势的等级（访谈/经理）
数据服务公司	部门1	2010	(20, 10, 10, 16, 10, 10)	0.616/Good	Good
		2011	(20, 10, 10, 16, 16, 10)	0.667/Good	Good
		2012	(20, 10, 10, 16, 16, 16)	0.672/Good	Good
	部门2	2010	(16, 4, 4, 16, 4, 0, 10, 20, 10, 16)	0.445/Fair	Fair
		2011	(10, 10, 4, 16, 10, 4, 10, 20, 10, 16)	0.526/Fair	Fair
		2012	(20, 10, 4, 16, 4, 10, 10, 20, 16, 16)	0.600/Fair	Fair

信息安全遵从整体态势的小样本数据（如表 7-1、表 7-2、表 7-3 所示）的具体采集过程为：①在位于上海市的这家数据服务公司内部随机选择了两个部门，并将每个部门的全部雇员都作为 2010 年、2011 年、2012 年这三个年度内的信息安全遵从整体态势调研的被试者。其中，部门 1 共有 6 位雇员，这 6 位雇员的日常工作职责是利用信息系统处理公司内部业务；部门 2 共有 10 位雇员，这 10 位雇员皆是系统工程师或现场工程师，其日常工作职责是承担公司客户的数据服务业务。同时，这些雇员也都承担着信息安全遵从职责。②在位于大连市的这家软件开发公司里选择了一个开发团队中的 21 位雇员，采集了她们/他们在 2010 年、2011 年、2012 年这三个年度内的信息安全制度遵从小样本数据。③对大连机车厂内一个部门的 12 位雇员进行 2010 年、2011 年、2012 年这三个年度的信息安全遵从小样本数据的采集工作。这些雇员皆为正式雇员，而非兼职的或者临时雇员。作者假设所有被试者都能够正确理解调查问卷中的所有测试项的具体内容。被试者皆回答了其所收到的调查问卷的所有选项问题。经过必要的收集、筛选步骤后，从在数据服务公司的两个部门所回收的问卷中剔除了一份无效问卷，还分别从在软件开发团队及大连机车厂的被试部门所回收的问卷中各剔除了两份无效问卷。此次调查问卷的有效回收率约为 89%。从所收集到的调查问卷中还获得了被试者的人口统计学数据，如表 7-4 所示。

表 7-4 问卷被试者的人口统计学特征

变量		数学期望	标准差	样本大小	百分比（%）
年龄		31	6	6*3; 9*3; 19*3; 10*3	
工作年限		6	5	6*3; 9*3; 19*3; 10*3	
教育年限		16	2	6*3; 9*3; 19*3; 10*3	
性别	男			35	79
	女			9	21
种族	黄色			6; 9; 19; 10	100

注：年龄、工作年限及教育年限的单位为年；符号 * 表示乘积。

7.5　信息安全遵从行为整体态势的离散熵评估结果及讨论

使用本书所提出的方法计算各雇员群体的信息安全遵从整体态势的均衡接近度，相应的计算结果如表 7-1 所示。从具体的计算结果可以看出，虽然所提出的计算均衡接近度的方法具有一定的合理性、可行性及有效性，但是计算结果都有一定的偏倚倾向（即均衡接近度的值都小于或等于 0.326）。

还可以发现，所提出的 H_{DISCBE} 模型不必与灰关联方法及均衡接近度方法相结合，就可以将其作为一种独立的模型与方法来评估雇员群体的信息安全遵从的整体态势。于是，作者计算了各雇员群体的信息安全整体遵从态势的离散熵值，相应的计算结果如表 7-2、表 7-3 所示。H_{DISCBE} 值越小，表明被评估的雇员群体整体的信息安全遵从程度越低。在判定信息安全整体遵从态势的优劣等级之前，作者进行了如下的等级设置：①$H_{DISCBE} \geqslant 0.800$ 表示"非常好"的整体遵从态势；②$0.800 > H_{DISCBE} \geqslant 0.600$ 表示"好"的整体遵从态势；③$0.600 > H_{DISCBE} \geqslant 0.400$ 表示"中"的整体遵从态势；④$0.400 > H_{DISCBE} \geqslant 0.200$ 表示"差"的整体遵从态势；⑤$H_{DISCBE} < 0.200$ 表示"非常差"的整体遵从态势。从表 7-2、表 7-3 中的相应数值可以推断，所得到的信息安全遵从态势等级与经理们所对应给出的相应遵从态势等级几乎是一致的。但在表 7-2 中存在着评估结果的不一致之处：大连机车厂被测部门的经理对其所领导的部门在 2012 年度的整体遵从态势的评估等级为"中"，但 H_{DISCBE} 值 0.610 对应的整体遵从态势等级应为"好"。在 2010 年、2011 年、2012 年这三个年度内的这四个被测部门或团队的整体遵从态势的图形描述如图 7-1、图 7-2 所示。

离散熵 H_{DISCBE} 还可以被用以表征单一的一种遵从行为的整体态势。例如，可以使用数据服务公司的部门 1 与部门 2 的遵从数据来单独分析调查问卷的第 12 测试项（即评估雇员对计算机存储介质的保护行为）。经过计算，可以得到如表 7-3 所示的评估值，其对应的图形描述如图 7-3 所示。这两个部门的经理们对其所管理的雇员群体在三个不同年度的信息安全整体遵从态势的评估等级也被作者记录在表 7-3 中。可以发现，根据调查问卷数据所得到的定量评估结果与通过访谈所获得的定性评估结果是一致的。

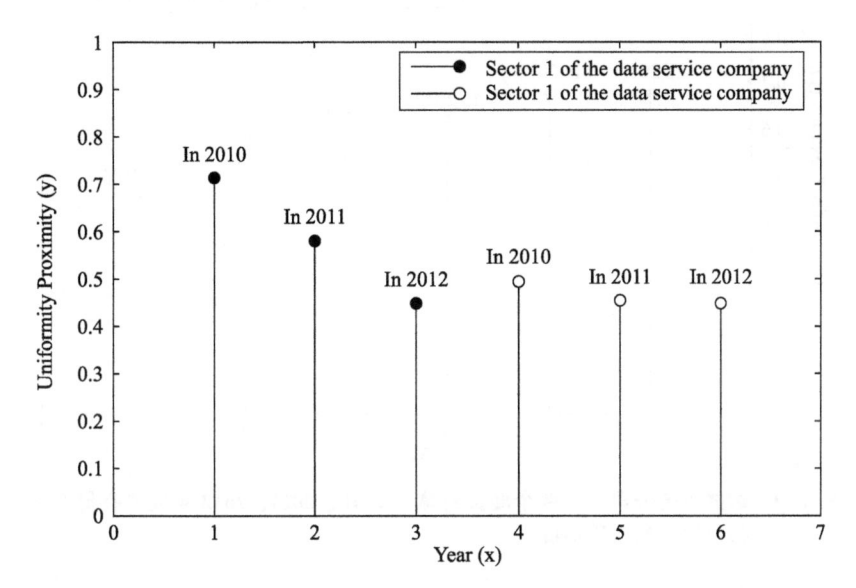

图 7-1 数据服务公司内的两个雇员群体在 2010、2011、2012 年度的信息安全遵从整体态势

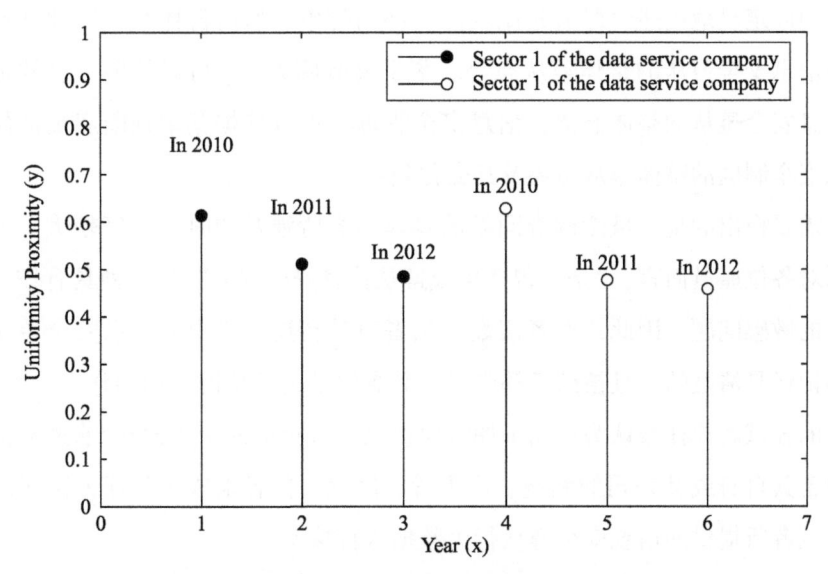

图 7-2 分别隶属于软件开发团队和机车厂所属部门的两个雇员群体在 2010、2011、2012 年度的信息安全遵从整体态势

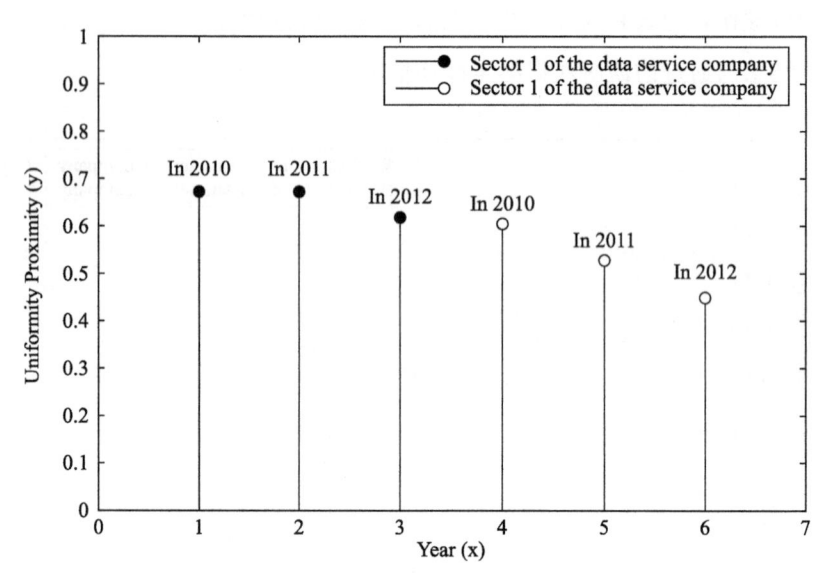

图 7-3 数据服务公司内的两个雇员群体在 2010、2011、2012 年度的存储介质保护行为的整体态势

研究结果表明：离散熵 H_{DISCBE} 可被用以定量地描述、评估并比较不同部门的多个雇员群体在同一评估周期内的信息安全遵从的整体遵从态势，也可以被用以定量地描述、评估并比较同一部门的单个雇员群体在不同评估周期内的信息安全遵从的整体遵从态势。鉴于离散熵 H_{DISCBE} 可以简明、有效地表征信息安全遵从的整体态势，信息安全管理者可以依据其来判断雇员群体对信息安全制度的整体遵从态势及其变化趋势。

需要指出的是，虽然调查问卷的具体内容所涉及的时间跨度较大，但考虑到对各位雇员而言，"是否曾违反或遵从信息安全制度"是一种具有较强刺激性的敏感问题。因此，作者假设被试者对其在这三年内的信息安全遵从情况的记忆是清楚的，且被试者都愿意将其真实的遵从情况反馈给作者。然而，问卷的被试者往往会认为：如果如实地提供一些负面的个人遵从/非遵从信息将损害其自身或其公司的利益、形象等。因此，作者采取了其他方法对问卷的被试者所提供的信息安全遵从行为数据进行核实。

7.6 本章小结

在本章中,作者先提出了信息安全遵从行为熵模型,并对该模型进行了规范化处理与分析,发现了该模型中所存在的一个重要问题。在解决该问题的过程中,还论述并解决了在灰熵模型及均衡接近度计算方法中所存在的若干问题,并提出在灰熵模型及均衡接近度计算方法中必须加入一个可变系数。作者进而提出了信息安全遵从行为的离散熵模型,论述了此模型中的熵分辨系数的必要性。然后,使用所提出的信息安全遵从均衡接近度计算方法及离散熵模型计算了各小样本数据集所分别对应的信息安全遵从均衡接近度的值及信息安全遵从行为离散熵的值,并对这些计算结果进行了讨论与分析。研究结果表明,作者所提出的用以对雇员群体的信息安全遵从行为的整体态势进行量化的均衡接近度计算方法及离散熵方法是合理的、有效的。

第 8 章　创新点

本书的创新点归纳如下。

1) 关于信息安全遵从行为的已有研究工作主要采用实证方法。考虑到仅能观测到此行为的产出结果与小样本数据，本书没有采用实证研究方法，而是从正式的组织控制的角度出发，基于委托人—代理人理论等设计了信息安全遵从行为的激励机制，并进行了理论分析和数值模拟，使作者可以在正式控制机制层面上系统地、定量地并定性地分析若干逻辑前置因素对信息安全遵从行为的激励原理。另外，已有的相关实证研究工作所使用的因变量几乎都是信息安全遵从意图。然而，信息安全遵从意图不能等价于实际的信息安全遵从行为，也不一定会导致实际的信息安全遵从行为的发生。本书所提出的信息安全遵从行为评估机制及相应的评估方法的研究对象是信息安全遵从行为本身，这在一定程度上解决了已有相关实证研究中所存在的上述问题。

2) 在研究信息安全遵从行为激励机制的过程中，有几点需注意：①关于惩罚。已有的研究工作重在论述惩罚的确定性与严重性对信息安全遵从行为的影响；本书提出信息安全遵从博弈模型，并论述惩罚的确定性与适度性对雇员个体的信息安全遵从行为的影响作用与激励机制。由此得到一些新结果：作为委托人的组织不仅需要设计出含有适度惩罚的最优激励契约，并且组织必须对惩罚的确定性加以严格保障；组织可根据雇员的风险规避测度、雇员的外部收益、激励报酬及在该雇员不遵从信息安全制度情况下的信息安全产出结果较劣的概率这四个因素来确定惩罚的适度性的可行域。②作者还将心理收入作为影响因素引入存在道德风险的委托人—代理人理论模型，设计并分析了心理收入与货币奖励对信息安全遵从行为的组合激励机制，所得的新结论为：如果给予雇员个体的心理收入越高，那么雇主付给该雇员的货币奖励数额可以越少；当支付给雇员个体的货币奖励数额为某一常数时，任一水平的心理收入对该雇员的信息安全遵从努力水平均具有正向的激励作用；如果给予雇员个体的心理收入越大，那么该雇员的信息安全遵从努力水平会越高。③鉴于经典的委托人—代理人理论本身并未考量人类行为的时间维度对委托代理关系的影响作用，本书将表示雇员个体对任务执行细节的调度排程的强调程度的两个时间观变量引入了多任务委托人—代理人模型，论证了这两个时间观变量对信息安全行为和本职工作行为的最优关联激励强度与最优关联激励策略的影响作用。

3）本书提出了信息安全遵从伽罗瓦格图，实现了对雇员群体与个体的信息安全遵从模式的可视化表征、结构化分析与评估。

4）本书将雇员个体的信息安全遵从非胜任力看作是一个灰色系统：①提出了信息安全遵从非胜任力的灰色评估机制与灰色评估方法。使用了"信息安全遵从非胜任力灰色模型+AHP"这种新方法计算权重值。此外，还提出了一种新方法来对灰分辨系数进行合理赋值。②基于信息熵理论提出了离散熵模型来量化雇员群体的信息安全遵从行为的整体态势。在量化整体态势的过程中，本书既考虑了信息熵理论所注重的被研究对象的出现概率，又考虑了被研究对象的观测值本身所蕴含的新信息。本书在离散熵模型中设置了熵分辨系数，同时对灰熵均衡接近度计算方法进行了改进。

参考文献

[1] 陈衍泰, 陈国宏, 李美娟. 综合评价方法分类及研究进展 [J]. 管理科学学报, 2004, 7 (2): 69-79.

[2] 邓聚龙. 灰理论基础 [M]. 武汉: 华中科技大学出版社, 2002: 1-170.

[3] 邓聚龙. 灰色系统基本方法 [M]. 武汉: 华中理工大学出版社, 1986.

[4] 东亚斌, 段志善. 灰色关联度分辨系数的一种新的确定方法 [J]. 西安建筑科技大学学报. 2008, 40 (4): 589-592.

[5] 杜栋, 庞庆华, 吴炎. 现代综合评价方法与案例精选 [M]. 北京: 清华大学出版社, 2008.

[6] 郭洪. 灰色系统关联度的分辨系数 [J]. 模糊数学, 1985 (2): 55-58.

[7] 黄攸立, 刘莜. 国外工作场所负面人格特质研究评述 [J]. 心理科学进展, 2011, 19 (1): 85-93.

[8] 刘思峰, 杨英杰, 吴利丰, 等. 灰色系统理论及其应用（第七版）[M]. 北京: 科学出版社, 2014: 63-112.

[9] 柳玉鹏, 曲世友. 组织内部员工信息安全胜任评价模型 [J]. 运筹与管理, 2014, 23 (1): 151-156.

[10] 吕峰. 灰色系统关联度之分辨系数的研究 [J]. 系统工程理论与实践, 1997, (6): 9-54.

[11] 邱菀华. 管理决策熵学及其应用 [M]. 北京: 中国电力出版社, 2011.

[12] 阙喜戎, 孙锐, 龚向阳, 等. 信息安全原理及应用 [M]. 北京: 清华大学出版社, 2003.

[13] 水乃翔, 等. 关于关联度的一些理论问题 [J]. 系统工程, 1992 (10): 6.

[14] 谭劲松. 关于管理研究及其理论与方法的讨论 [J]. 管理科学学报, 2008, 11 (2): 145-152.

[15] 吴坚, 梁昌勇, 李文年. 基于主观与客观集成的属性权重求解方法 [J]. 系统工程与电子技术, 2007, 29 (3): 383-387.

[16] 曾忠平, 杨哲, 刘春梅. 用户信息安全行为研究评述 [J]. 情报杂志, 2014, 33

(12)：184-188.

［17］张岐山，李锡纯，邓聚龙. 不确定型决策的灰熵方法 ［J］. 决策借鉴，1995，11 (6)：37-39.

［18］张绍良，张国良. 灰色关联度计算方法比较及其存在问题分析 ［J］. 系统工程，1996，14（3）：45-49.

［19］张维迎. 博弈论与信息经济学 ［M］. 上海：格致出版社，上海三联出版社，上海人民出版社，2012.

［20］Alba Richard D. A Graph-theoretic Definition of A Socio-metric Clique ［J］. Journal of Mathematical Sociology, 1973, 3（1）：113-126.

［21］Alles Michael, Amershi Amin, DatarSrikant, et al. Information and Incentive Effects of Inventory in JIT Production ［J］. Management Science, 2000, 46（12）：1528-1544.

［22］Al-Omari Ahmad, Deokar Amit, El-Gayar Omar. Information Security Policy Compliance：An Empirical Study of Ethical Ideology ［C］. Proceedings of the 46th Hawaii International Conference on System Sciences, The United States：Hawaii, 2013.

［23］Ancona Deborah G, Okhuysen Gerardo A, Perlow Leslie A. Taking Time to Integrate Temporal Research ［J］. Academy of Management Review, 2001（26）：512-529.

［24］Anderson Ross, Moore Tyler. The Economics of Information Security ［J］. Science, 2006, 314（610）.

［25］Arrow Kenneth J. Essays in the Theory of Risk-bearing ［M］. Chicago：Markham Publishing Co., 1971.

［26］Aurigemma Salvatore, Panko Raymond. A Composite Framework for Behavioral Compliance with Information Security Policies ［C］//Proceedings of the 45th Hawaii International Conference on System Sciences. Hawaii：Institute of Electrical and Electronics Engineers (IEEE), 2012：3248-3257.

［27］Baer Markus, Brown Graham. Blind in One Eye：How Psychological Ownership of Ideas Affects the Types of Suggestions People Adopt ［J］. Organizational Behavior and Human Decision Process, 2012, 118（1）：60-71.

［28］Bailey Kenneth D. Social Entropy Theory ［M］. New York：State University of New York Press, 1990.

［29］Bailey William C, Martin J David, Gray Louis N. Crime and Deterrence：Correlation Analysis [J]. Journal of Research in Crime and Delinquency, 1974, 11 (2): 124-143.

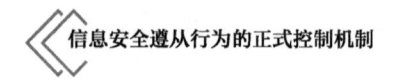

[30] Baracaldo Nathalie, Joshi James. An Adaptive Risk Management and Access Control Framework to Mitigate Insider Threats [J]. Computers & Security, 2013 (39)(Part B): 237-254.

[31] Barlow Jordan B, Warkentin Merrill, Ormond Dustin, et al. Don't Make Excuses! Discouraging Neutralization to Reduce IT Policy Violation [J]. Computers & Security, 2013, (39): 145-159.

[32] Beautement Adam, Sasse Angela. The Economics of User Effort in Information Security [J]. Computer Fraud & Security, 2009 (10): 8-12.

[33] Beccaria Cesare. On Crimes and Punishment [M]. New York: Macmillan, 1963.

[34] Behson Scott J, Eddy Erik R, Lorenzet Steven J. The Importance of the Critical Psychological States in the Job Characteristics Model: A Meta-analytic and Structural Equations Modeling Examination [J]. Current Research in Social Psychology, 2000, 5 (12): 170-189.

[35] Billing Tejinder K, Bhagat Rabi S, BabakusEmin. Task Structure and Work Outcomes [J]. Management Research Review, 2013, 36 (2): 136-152.

[36] BirkhoffGarrett. Lattice theory [M]. American Mathematical Society Colloquium Publications, vol. 25, New York: American Mathematical Society, 1940/the Eleventh Printing, 2011.

[37] Borgatti Stephen P, Everett Martin G. Network Analysis of 2-mode Data [J]. Social Networks, 1997, 19 (3): 243-269.

[38] Boss Scott R, Kirsch Laurie J, Angermeier Ingo, et al. If Some is Watching, I'll Do What I'm Asked: Mandatoriness, Control, and Information Security [J]. European Journal of Information Systems, 2009, 18 (2): 151-164.

[39] Boss Scott R, Galletta Dennis F, Lowry Paul Benjamin, et al. What Do Systems Users Have to Fear? Using Fear Appeals to Engender Threats and Fear that Motivate Protective Security Behaviors [J]. MIS Quarterly, 2015, 39 (4): 837-857.

[40] Boyatzis Richard E. The Competent Manager: A Model for Effective Performance [M]. Hoboken: John Wiley & Sons, Inc., 1982.

[41] Breiger Ronald L. The Duality of Persons and Groups [J]. Society Forces, 1974, 53

(2): 181-190.

[42] Brekke Kjell Arne, Kverndokk Snorre, NyborgKarine. An Economic Model of Moral Motivation [J]. Journal of Public Economics, 2003 (87): 1967-1983.

[43] Brown Christopher, Watkins Alison, Greitzer Frank L. Predicting Insider Threat Risks Through Linguistic Analysis of Electronic Communication [C] //Proceedings of the 46th Hawaii International Conference on System Sciences, The United States: Hawaii, 2013.

[44] BulgurcuBurcu, Cavusoglu Hasan, BenbasatIzak. Information Security Policy Compliance: An Empirical Study of Rationality-based Beliefs and Information Security Awareness [J]. MIS Quarterly, 2010, 34 (3): 523-548.

[45] Camerer Colin F, Malmendier Ulrike. Behavioral Economics of Organizations [M] //Diamond Peter and VartiainenHannu. Behavioral Economics and Its Applications, Chapter 7. New Jersey: Princeton University Press, 2012: 235-290.

[46] Cardinal Laura B. Technology Innovation in the Pharmaceutical Industry: The Use of Organizational Control in Managing Research and Development [J]. Organization Science, 2001, 12 (1): 19-36.

[47] Carrington Petter J, Scott John, Wasserman Stanley. Models and Methods in Social Network Analysis [M]. Cambridge: Cambridge University Press, 2005.

[48] Chang Frederick R. Is Your Computer Secure? [J]. Science, 2009, 325 (550).

[49] Chen Li, Wang Jinchao. The Relationship Between Knowledge Workers Motivation and Enterprise Performance Based on the Psychic Income [J]. East China Economic Management, 2009, 23 (9): 119-121.

[50] Chen Yan, Ramamurthy K (Ram), Wen Kuang-wei. Organizations' Information Security Policy Compliance: Stick or Carrot Approach? [J]. Journal of Management Information Systems. Winter, 2012-13, 29 (3): 157-188.

[51] Cheng Joseph L C. Critical Issues in International Management Research: An Agenda for Future Advancement [J]. European Journal of International Management, 2007, 1 (1/2): 23-38.

[52] Cheng Lijiao, Li Ying, Li Wenli, et al. Understanding the Violation of IS Security Policy in Organizations: An Integrated Model Based On Social Control and Deterrence Theory [J]. Computers & Security, 2013 (39): 447-459.

[53] Choudhury Vivek, Sabherwal Rajiv. Portfolios of Control in Outsourced Software Development Projects [J]. Information Systems Research, 2003, 14 (3): 291-314.

[54] Claessens Brigitte J C, Van EerdeWendelien, Rutte Christel G, et al. Planning Behavior and Perceived Control of Time at Work [J]. Journal of Organizational Behavior, 2004 (25): 937-950.

[55] Crossler Robert E, Johnston Allen C, Lowry Paul Benjamin, et al. Future Directions for Behavioral Information Security Research [J]. Computers & Security, 2013 (32): 90-101.

[56] Davey B A, Priestley H A. Introduction to Lattices and Order [M]. 2nd Edition. Cambridge: Cambridge University Press, 2002.

[57] Davis Allison, Gardner Burleigh Bradford, Gardner Mary R. Deep South: A Social Anthropological Study of Caste and Class [M]. Chicago: University of Chicago Press, 1941.

[58] De Varo Jed, Li Robert, Brookshire Dana. Analyzing the Job Characteristics Model: New Support from A Cross-section of Establishments [J]. International Journal of Human Resource Management, 2007, 18 (6): 986-1003.

[59] Doob Leonard William. Patterning of Time [M]. New Haven, CT: Yale University Press, 1971.

[60] Duquenne Vincent. Contextual Implication Between Attributes and Some Representation Properties for Finite Lattices [C]. Proceedings of 11th Conference Formal Concept Analysis, ICFCA'13, Dresden, Germany: Springer, 2013: 1-27.

[61] Duquenne Vincent. Latticial Structures in Data Analysis [J]. Theoretical Computer Science, 1999 (217): 407-436.

[62] Duquenne Vincent. The Core of Finite Lattices [J]. Discrete Mathematics, 1991, 88 (2-3): 133-147.

[63] D'Arcy John, Devaraj Sarv. Employee Misuse of Information Technology Resources: Testing A Contemporary Deterrence Model [J]. Decision Sciences, 2012, 43 (6): 1091-1124.

[64] D'Arcy John, Herath Tejaswini. A Review and Analysis of Deterrence Theory in the IS Security Literature: Making Sense of the Disparate Findings [J]. European Journal of Information Systems, 2011 (20): 643-658.

[65] D'Arcy John, Hovav Anat. Does one Size Fit All? Examining the Differential Effects of IS Security Countermeasures [J]. Journal of Business Ethics, 2009 (89): 59-71.

[66] D'Arcy John, Hovav Anat, Galletta Dennis. User Awareness of Security Countermeasures and Its Impact on Information Systems Misuse: A Deterrence Approach [J]. Information Systems Research, 2009, 20 (1): 79-98.

[67] Eisenhardt Kathleen M. Control: Organizational and Economic Approaches [J]. Management Science, 1985, 31 (2): 134-149.

[68] Fang Fang, Parameswaran Manoj, Zhao Xia, et al. An Economic Mechanism to Manage Operational Security Risks for Inter-organizational Information Systems [J]. Information Systems Foronters, 2014 (16): 399-416.

[69] Flamholtz Eric G, Das T K, Tsui Anne S. Toward An Integrative Framework of Organizational Control [J]. Accounting Organizations and Society, 1985, 10 (1): 35-50.

[70] Freeman Linton C, White Douglas R. Using Galois Lattices to Represent Network Data [M] //Marsden P. V. Sociological methodology. Oxford: Blackwell, 1993: 127-146.

[71] Freeman Linton C. Cliques, Galois Lattices, and the Structure of Human Social Group [J]. Social Networks, 1996, 18 (3): 173-187.

[72] Freeman Linton C. Finding social groups: A Meta-analysis of the Southern Women Data [M] //Breiger R., Carley K., Pattison P. Dynamic Social Network Modeling and Analysis. Washington, D. C.: The National Academies Press, 2003.

[73] Freeman Linton C. Methods of Social Network Visualization [M]. Encyclopedia of Complexity and Systems Science. R. A. Myers, ed. Berlin: Springer, 2009.

[74] Freeman Linton C. Visualizing Social Networks [J]. Journal of Social Structure, 2000 (1): 1.

[75] Galletta Maura, Portoghese Igor, Battistelli Adalgisa. Intrinsic Motivation, Job Autonomy and Turnover Intention in the Italian Healthcare: The Mediating Role of Affective Commitment [J]. Journal of Management Research, 2011, 3 (2): 111-119.

[76] Gibbs Jack P. Crime, Punishment, and Deterrence [M]. New York: Elsevier, 1975.

[77] Gopal Ram D, Sanders G Lawrence. Preventative and Deterrent Controls for Software Piracy [J]. Journal of Management Information Systems, 1997, 13 (4): 29-47.

[78] Grossman Sanford J, Hart Oliver D. An Analysis of the Principal-agent Problem [J].

Econometrica, 1983, 51 (1): 7-45.

[79] Guo Ken H, YuanYufei, Archer Norman P, et al. Understanding Nonmalicious Security Violations in the Workplace: A Composite Behavior Model [J]. Journal of Management Information Systems, 2011, 28 (2): 203-236.

[80] Guo Ken H. Security-related Behavior in Using Information Systems in the Workplace: A Review and Synthesis [J]. Computers & Security, 2013 (32): 242-251.

[81] Guo Ken H, YuanYufei. The Effects of Multilevel Sanction on Information Security Violations: A Mediating Model [J]. Information & Management, 2012 (49): 320-326.

[82] Guramatunhu-Mudiwa Precious, Scherz Susan Day. Developing Psychic Income in School Administration: The Unique Role School Administrators Can Play [J]. Educational Management Administration & Leadership, 2013, 41 (3): 303-315.

[83] Hackman J Richard, Oldham Greg R. Work Redesign [M]. USA: FT Press, 1980.

[84] Harrington Susan J. The Effect of Codes of Ethics and Personal Denial of Responsibility on Computer Abuse Judgments and Intentions [J]. MIS Quarterly, 1996, 20 (3): 257-278.

[85] Hart Oliver D, Hölmstrom Bengt. The Theory of Contracts [M] //Bewley T. Advances in economic theory: Fifth world congress, London: Cambridge University Press, 1987, 71-155.

[86] Herath Tejaswini, Rao H Raghav. Control Mechanisms in Information Security: A Principal Agent Perspective [J]. International Journal Business Governance and Ethics, 2010 (5): 2-13.

[87] Herath Tejaswini, Rao H Raghav. Protection Motivation and Deterrence: A Framework for Security Policy Compliance in Organisations [J]. European Journal of Information Systems, 2009, 18 (2): 106-125.

[88] Herath Tejaswini, Rao H. Raghav. Encouraging Information Security Behaviors in Organizations: Role of Penalties, Pressures and Perceived Effectiveness [J]. Decision Support Systems, 2009, 47 (2): 154-165.

[89] Hereth Joachim, Stumme Gerd, Wille Rudolf, et al. Conceptual Knowledge Discovery in Data Analysis [M] //Ganter B. , Mineau G. Conceptual Structures: Logical, Linguistic and Computational Issues (Lecture Notes in Artificial Intelligence, Volume 1867), Berlin: Springer, 2000: 421-437.

[90] Higgins George E, Wilson Abby L, Fell Brian D. An Application of Deterrence Theory to Software Piracy [J]. Journal of Criminal Justice and Popular Culture, 2005, 12 (3): 166-184.

[91] Hollinger Richard C. Crime by Computer: Correlates of Software Piracy and Unauthorized Account Access [J]. Security Journal, 1993 (4): 2-12.

[92] Holmstrom Bengt, Milgrom Paul. Aggregation and Linearity in the Provision of Intertemporal Incentives [J]. Econometrica, 1987, 55 (2): 303-328.

[93] HovavAnat, D'Arcy John. Applying An Extended Model of Deterrence Across Cultures: An Investigation of Information Systems Misuse in the U. S. and South Korea [J]. Information & Management, 2012, 49 (2): 99-110.

[94] Hu Qing, Dinev Tamara, Hart Paul, et al. Managing Employee Compliance with Information Policies: The Critical Role of Top Management and Organizational Culture [J]. Decision Sciences, 2012, 43 (4): 615-660.

[95] Hu Qing, XuZhengchuan, Dinev Tamara, et al. Does Deterrence Work in Reducing Information Security Policy Abuse by Employees? [J]. Communications of the ACM, 2011, 54 (6): 54-60.

[96] Häfner Alexander, Stock Armin. Time Management Training and Perceived Control of Time at Work [J]. The Journal of Psychology, 2010, 144 (5): 429-447.

[97] Hölmstrom Bengt, Milgrom Paul. Multi-task Principal-agent Analysis: Incentive Contracts, Asset Ownership and Job Design [J]. Journal of Law, Economics and Organization, 1991 (7): 24-52.

[98] Hölmstrom Bengt. Managerial Incentive Problem: A Dynamic Perspective [J]. Review of Economic Studies, 1999, 66 (1): 169-182.

[99] Hölmstrom Bengt. Moral Hazard and Observability [J]. Bell Journal of Economics, 1979, 10 (1): 74-91.

[100] Ifinedo Princely. Information Systems Security Policy Compliance: An Empirical Study of the Effects of Socialisation, Influence, and Cognition [J]. Information & Management, 2014, 51 (1): 69-79.

[101] Ifinedo Princely. Understanding Information Systems Security Policy Compliance: An Integration of the Theory of Planned Behavior and the Protection Motivation Theory [J].

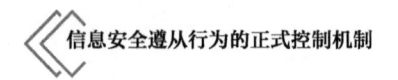

Computers & Security, 2012, 31 (1): 83-95.

[102] Jaworski Bernard J. Toward A Theory of Marketing Control: Environmental Context, Control Types, and Consequences [J]. Theory of Marketing Control, 1988 (52): 23-39.

[103] Jensen Michael C, Meckling William H. The Nature of Man [J]. Journal of Applied Corporate Finance. 1994, 7 (2): 4-19.

[104] Jensen Michael C, Meckling William H. Theory of the Firm: Managerial Behavior, Agency Costs, and Ownership Structure [J]. Journal of Financial Economics, 1976, 3 (4): 305-360.

[105] Johnson M Eric, Goetz Eric. Embedding Information Security into the Organization [J]. IEEE Security & Privacy, 2007, 5 (3): 16-24.

[106] Johnston Allen C, Warkentin Merrill. Fear Appeals and Information Security Behaviors: An Empirical Study [J]. MIS Quarterly, 2010, 34 (3): 649-666.

[107] Joseph Kissan, Thevaranjan Alex. Monitoring and Incentive in Sales Organization: An Agency-theoretic Perspective [J]. Marketing Science, 1998, 17 (2): 107-123.

[108] Kankanhalli Atreyi, Teo Hock-Hai, Tan Bernard C Y, et al. An Integrative Study of Information Systems Security Effectiveness [J]. International Journal of Information Management, 2003 (23): 139-154.

[109] Kim Woosoon, Walker Matthew. Measuring the Social Impacts Associated with Super Bowl XLIII: Preliminary Development of a Psychic Income Scale [J]. Sport Management Review, 2012, 15 (1): 91-108.

[110] Kirlappos Iacovos, Beautement Adam, Sasse M Angela. "Comply or Die" is Dead: Long Live Security-aware Principal Agents [M]. Financial Cryptography and Data Security Lecture Notes in Computer Science. Berlin: Springer-Verlag Berlin Heidelberg, 2013: 70-82.

[111] Kirsch Laurie J, Ko Dong-Gil, Haney Mark H. Investigating the Antecedents of Team-based Clan Control: Adding Social Capital as a Predictor [J]. Organization Science, 2010, 21 (2): 469-489.

[112] Kirsch Laurie J, Sambamurthy V, Ko Dong-Gil, et al. Controlling Information Systems Development Projects: The View From the Client [J]. Management Science, 2002

(48): 484-498.

[113] Kirsch Laurie J. Deploying Common Solutions Globally: The Dynamics of Control [J]. Information Systems Research, 2004, 15 (4): 374-395.

[114] Kirsch Laurie J. Portfolios of Control Modes And Is Project Management [J]. Information Systems Research, 1997, 8 (3): 215-239.

[115] Kirsch Laurie J. The Management of Complex Tasks in Organizations: Controlling the Systems Development Process [J]. Organization Science, 1996, 7 (1): 1-21.

[116] Kolkowska Ella, Dhillon Gurpreet. Organizational Power and Information Security Rule Compliance [J]. Computers & Security, 2013 (33): 3-11.

[117] Langfred Claus W, Moye Neta A. Effects of Task Autonomy on Performance: An Extended Model Considering Motivational, Informational and Structural Mechanisms [J]. Journal of Applied Psychology, 2004, 89 (6): 934-945.

[118] Lebek Benedikt, Uffen Jörg, Breitner Michael H, et al. Employees' Information Security Awareness and Behavior: A Literature Review [C] //Proceedings of the 46th Hawaii International Conference on System Sciences, The United States: Hawaii, 2013: 2978-2987.

[119] Lee Sang M, Lee Sang-Gun, YooSangjin. An Integrative Model of Computer Abuse Based on Social Control and General Deterrence Theories [J]. Information and Management, 2004, 41 (6): 707-718.

[120] Lee Younghwa, Kozar Kenneth A. Investigating Factors Affecting the Anti-spyware System Adoption [J]. Communications of the ACM, 2005, 48 (8): 72-77.

[121] Li Han, Zhang Jie, Sarathy Rathindra. Understanding Compliance with Internet Use Policy from the Perspective of Rational Choice Theory [J]. Decision Support Systems, 2010, 48 (4): 635-645.

[122] Loch Karen D, Carr Houston H, Warkentin Merrill E. Threats to Information Systems: Today's Reality, Yesterday's Understanding [J]. MIS Quarterly, 1992, 16 (2): 173-186.

[123] Lowry Paul Benjamin, Moody Gregory D. Proposing the Control-reactance Compliance Model (CRCM) to Explain Opposing Motivations to Comply with Organizational Information Security Policies [J]. Information System Journal, 2015 (25): 433-463.

[124] Lowry Paul Benjamin, Posey Clay, Roberts Tom L, et al. Is Your Banker Leaking Your Personal Information? The Roles of Ethics and Individual-level Cultural Characteristics in Predicting Organizational Computer Abuse [J]. Journal of Business Ethics, 2014, 121 (3): 385-401.

[125] Luce R Duncan, Perry Albert D A Method of Matrix Analysis of Group Structure [J]. Psychometrika, 1949, 14 (2): 95-116.

[126] Macan Therese Hoff. Time Management: Test of A Process Model [J]. Journal of Applied Psychology, 1994, 79 (3): 381-391.

[127] Mahmood Adam M, SiponenMikko, Straub Detmar, et al. Moving Toward Black Hat Research in Information Systems Security: An Editorial Introduction to the Special Issue [J]. MIS Quarterly, 2010, 34 (3): 431-433.

[128] Maslow Abraham H. Motivation and Personality [M]. 3rd Edition, London: Pearson Plc, 1997.

[129] McClelland David C. Testing for Competency Rather than for Intelligence [J]. American Psychologist, 1973, 28 (1): 1-14.

[130] Mercuri Rebecca T. Analyzing Security Costs [J]. Communications of the ACM, 2003, 46 (6): 15-18.

[131] Merhi Mohammad I, Ahluwalia Punit. The Role of Punishment and Task Dissonance in Information Security Policies Compliance [C]. Proceedings of Twentieth Americas Conference on Information Systems, USA: Savannah, 2014: 1-10.

[132] Mirrlees James A. The Optimal Structure of Authority and Incentive Within an Organization [J]. Bell Journal of Economics, 1976, 7 (1): 105-131.

[133] Moscoso Silvia, Salgado Jesús F. "Dark Side" Personality Styles As Predictors of Task, Contextual, and Job Performance [J]. International Journal of Selection and Assessment, 2004, 12 (4): 356-362.

[134] Muhire Bertrand. Employee Compliance with Information Systems Security Policy in Retail Industry. Case: Store Level Employees [D]. Honors Thesis Program in the College of Management, Boston: University of Massachusetts, 2012.

[135] Murdock Kevin. Intrinsic Motivation and Optimal Incentive Contracts [J]. The Rand Journal of Economics, 2002, 33 (4): 650-671.

[136] Myyry Liisa, Siponen Mikko, Pahnila Seppo, et al. What Levels of Moral Reasoning and Values Explain Adherence to Information Security Rules? An Empirical Study [J]. European Journal of Information Systems, 2009, 18 (2): 126-139.

[137] Narayanan Sriram, Balasubramanian Sridhar, Swaminathan Jayashankar M. A Matter of Balance: Specialization, Task Variety and Individual Learning in A Software Maintenance Environment [J]. Management Science, 2009, 55 (11): 1861-1876.

[138] Nash John Forbes. Equilibrium Points in N-person Games [J]. Proceedings of the National Academy of Sciences of the United States of America, 1950, 36 (1): 48-49.

[139] Nash John Forbes. Non-cooperative Games [J]. Annals of Mathematics, 1951, 54 (2): 286-295.

[140] NidumoluSarma R, Subramani Mam R. The Matrix of Control: Combining Process and Structure Approaches to Managing Software Development [J]. Journal of Management Information Systems, 2003, 20 (3): 159-196.

[141] NieminenAnu, LehtonenMikko. Organisational Control in Programme Teams: An Empirical Study in Change Programme Context [J]. International Journal of Project Management, 2008, 26 (1): 63-72.

[142] Ore Oystein. Galois Connexions [J]. Transactions of the America Mathematical Society, 1944 (55): 493-513.

[143] Ouchi William G, Maguire Mary Ann. Organizational Control: Two Functions [J]. Administrative Science Quarterly, 1975, 20 (4): 559-569.

[144] Ouchi William G. A Conceptual-framework for the Design of Organizational Control Mechanisms [J]. Management Science, 1979, 25 (9): 833-848.

[145] Ouchi William G. Markets, Bureaucracies, and Clans [J]. Adiministrative Science Quaraterly, 1980, 25 (1): 129-141.

[146] Ouchi William G. The Relationship Between Organizational Structure and Organizational Control [J]. Adiministrative Science Quaraterly, 1977, 22 (1): 95-113.

[147] Padayachee Keshnee. Taxonomy of Compliant Information Security Behavior [J]. Computers & Security, 2012, 31 (5): 673-680.

[148] Pahnila Seppo, SiponenMikko, Mahmood Adam. Empolyees' Behavior Towards IS Security Policy Compliance [C] //Proceedings of the 40th Hawaii International Conference on

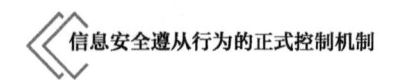

System Sciences, The United States: Hawaii, 2007.

[149] Pavoine Sandrine, Dolédec Sylvain. The Apportionment of Quadratic Entropy: A Useful Alternative for Partitioning Diversity in Ecological Data [J]. Environmental and Ecological Statistics, 2005, 12 (2): 125-138.

[150] Persson John Stouby, Mathiassen Lars, Aaen Ivan. Agile Distributed Software Development: Enacting Control Through Media and Context [J]. Information Systems Journal, 2012, 22 (6): 411-433.

[151] Pfleeger Shari Lawrence, Caputo Deanna D. Leveraging Behavioral Science to Mitigate Cyber Security Risk [J]. Computer & Security, 2012 (31): 597-611.

[152] Posey Clay, Roberts Tom L, Lowry Paul Benjamin, et al. Bridging the Divide: A Qualitative Comparison of Information Security Thought Patterns Between Information Security Professionals and Ordinary Organizational Insiders [J]. Information & Management, 2014, 51 (5): 551-567.

[153] Post Gerald V, Kagan Albert. Evaluating Information Security Tradeoffs: Restricting Access can Interfere with Usertasks [J]. Computers & Security, 2007 (26): 229-237.

[154] Pratt Travis C, Cullen Francis T, Blevins Kristie R, et al. Theempirical Status of Deterrence Theory: A Meta-analysis [M] //Cullen Francis T., Wright John Paul, Blevins Kristie R. Taking Stock: The Status of Criminological Theory. New Jersey: Transaction Publishers, 2006: 37-76.

[155] PrissUta. Formal Concept Analysis in Information Science [J]. Annual Review of Information Science and Technology, 2006, 40 (1): 521-543.

[156] Raghu T Santanam, Jayaraman B, Rao H Raghav. Toward and Integration of an Agent- and Activity-centric Approaches in Organizational Process Modeling: Incorporating Incentive Mechanisms [J]. Information Systems Research, 2004, 15 (4): 316-335.

[157] Raghu T Santanam, Sen Pradyot K, Rao H Raghav. Relative Performance of Incentive Mechanisms: Computational Modeling and Simulation of Delegated Investment Decisions [J]. Management Science, 2003, 49 (2): 160-178.

[158] Ramesh Balasubramaniam, Cao Lan, Mohan Kannan, et al. Can Distributed Software Development be Agile? [J]. Communications of the ACM, 2006, 49 (10): 41-46.

[159] Rao C Radhakrishna. Diversity: Its Measurement, Decomposition, Apportionment and

Analysis [J]. The Indian Journal of Statistics, 1982, 44 (1): 1-22.

[160] Rees Ray. The Theory of Principal and Agent: Part I [J]. Bulletin of Economics Research. 1985, 37 (1): 3-26.

[161] Rogerson William P. The First-order Approach to Principal-agent Problems [J]. Econometrica, 1985, 53 (6): 1357-1368.

[162] Ross Stephen. The Economics Theory of Agency: The Principal's Problem [J]. American Economic Review, 1973, 63 (2): 134-139.

[163] Safa Nader Sohrabi, Von Solms Rossouw, Furnell Steven. Information Security Policy Compliance Model in Organizations [J]. Computers & Security, 2016 (56): 70-82.

[164] Shannon Claude Elwood. A Mathematical Theory of Communication [J]. The Bell System Technical Journal, July, October, 1948 (27): 379-423.

[165] Shropshire Jordan, Warkentin Merrill, Sharma Shwadhin. Personality, Attitudes, and Intentions: Predicting Initial Adoption of Information Security Behavior [J]. Computers & Security, 2015 (49): 177-191.

[166] Simon Herbert A. Theories of Decision-making In Economics and Behavioral Science [J]. The American Economic Review, 1959, 49 (3): 253-283.

[167] Siponen Mikko, Pahnila Seppo, Mahmood Adam. Employees' Adherence to Information Security Policies: An Empirical Study [C] //Proceedings of the IFIP TC-11 22nd International Information Security Conference, Boston: Springer US, 2007, 133-144.

[168] Siponen Mikko, Vance Anthony. Neutralization: New Insights Into the Problem of Employee Information Systems Security Policy violations [J]. MIS Quarterly, 2010, 34 (3): 487-502.

[169] SiponenMikko, Mahmood M Adam, Pahnila Seppo. Employees' Adherence to Information Security Policies: An Exploratory Field Study [J]. Information & Management, 2014, 51 (2): 217-224.

[170] Skinner William F, Fream Anne M. A Social Learning Theory Analysis of Computer Crime Among College Students [J]. Journal of Research in Crime and Delinquency, 1997, 34 (4): 495-518.

[171] Snell Scott A. Control-theory in Strategic Human-resource Management: The Mediating Effect of Administrative Information [J]. Academy of Management Journal. 1992, 35

(2): 292-327.

[172] Son Jai-Yeol. Out of Fear or Desire? Toward A Better Understanding of Employees' Motivation to Follow IS Security Policies [J]. Information & Management, 2011 (48): 296-302.

[173] Spencer Lyle M, Spencer Signe M. Competence at Work: Models for Superior Performance [M]. New York: Hoboken, 1993.

[174] Stanton Jeffrey M, Mastrangelo Paul R, Stam Kathryn R, et al. Behavioral Information Security: Two End User Survey Studies of Motivation and Security Practices [C] //Proceedings of the Tenth Americas Conference on Information Systems. New York City: The Association for Information Systems, 2004.

[175] Stanton Jeffrey M, Stam Kathryn R, Mastrangelo Paul, et al. Analysis of End User Security Behaviors [J]. Computers & Security, 2005, 24 (2): 124-133.

[176] Straub Jr. Detmar W, Nance William D. Discovering and Disciplining Computer Abuse in Organization: A Field Study [J]. MIS Quarterly, 1990, 14 (1): 45-60.

[177] StraubDetmar W. Effective IS Security: An Empirical Study [J]. Information Systems Research, 1990, 1 (3): 255-276.

[178] Stringham Edward Peter. Economic Value and Cost Are Subjective [M] //Peter J. Boettke. Handbook on Contemporary Austrian Economics. Edward Elgar Publishing Limited, 2010, 43-66.

[179] Takemura Toshihiko, Komatsu Ayako. Who Sometimes Violates The Rule of The Organizations? Empirical Study on Information Security Behaviors and Awareness [C]. Proceedings of the 11th Annual Workshop on the Economics of Information Security (WEIS 2012), Berlin: Springer-Verlag, 2012.

[180] Thompson James D, Scott W Richard, Zald Mayer N. Organizations in Action: Social Science Bases of Administrative Theory [M]. 1st Edition. Piscataway, NewJersey: Transaction Publishers, 2003.

[181] Tropman John E. The Compensation Solution: How to Develop an Employee-driven Rewards System [M]. 1st edition, Hoboken, New Jersey: Jossey-Bass, 2001.

[182] Tuuli Martin Morgan, Rowlinson Steve, Koh Tas Yong. Portfolio of Control Modes in Project Teams: A HongKong Case Study [C]. Proceedings 25th Annual ARCOM Con-

ference, UK: 2009, 927-937.

[183] Vance Anthony, SiponenMikko, Pahnila Seppo. Motivating IS Security Compliance: Insights From Habit and Protection Motivation Theory [J]. Information & Management, 2012, 49: 190-198.

[184] Von Neumann John, Morgenstern Oskar. Theory of Games and Economic Behavior [M]. New Jersey: Princeton University Press, 1944.

[185] Von Solms Rossouw, Von Solms Basie. From Policies to Culture [J]. Computers & Security, 2004, 23 (4): 275-279.

[186] Vroom Cheryl, VonSolms Rossouw. Towards Information Security Behavioural Compliance [J]. Computers & Security, 2004, 23 (3): 191-198.

[187] Warkentin Merrill, Straub Detmar, Malimage Kalana. Featured Talk: Measuring Secure Behavior: A Research Commentary [C] //Annual Symposium on Information Assurance & Secure Knowledge Management, New York: Albany, 2012: 1-8.

[188] Warkentin Merrill, Willison Robert. Behavioral and Policy Issues in Information Systems Security: The Insider Threat [J]. European Journal of Information Systems, 2009, 18 (2): 101-105.

[189] Wasserman Stanley, Faust Katherine. Social Network Analysis: Methods and Applications [M]. Cambridge: Cambridge University Press, 1994.

[190] Watson Joel. Strategy: An Introduction to Game Theory [M]. 3rd Edition, New York: W. W. Norton & Company, 2013.

[191] Wille Rudolf. Line Diagrams of Hierarchical Concept Systems [J]. International Classification, 1984, 11 (2): 77-86.

[192] Willison Robert, Siponen Mikko. Overcoming the Insider: Reducing Employee Computer Crime Through Situational Crime Prevention [J]. Communications of the ACM, 2009, 52 (9): 133-137.

[193] Willison Robert, Warkentin Merrill. Beyond Deterrence: An Expanded View of Employee Computer Abuse [J]. MIS Quarterly, 2013, 37 (1): 1-20.

[194] Wong Chi-Sum, Campion Michael A. Development and Test of A Task Level Model of Motivational Job Design [J]. Journal of Applied Psychology, 1991 (76): 825-837.

[195] Workman Michael, Bommer William H, Straub Detmar W. Security Lapses and The O-

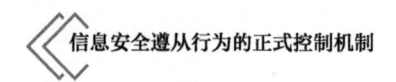

mission of Information Security Measures: A Threat Control Model and Empirical Test [J]. Computers in Human Behavior, 2008, 24 (6): 2799-2816.

[196] Zhang Jie, Reithel Brian J, Li Han. Impact of Perceived Technical Protection on Security Behaviors [J]. Information Management & Computer Security, 2009, 17 (4): 330-340.

[197] Zhang Lixuan, Smith Wayne W, McDowell William C. Examining Digital Piracy: Self-control, Punishment and Self-efficacy [J]. Information Resources Management Journal, 2006, 22 (1): 24-44.

附录　调查问卷

尊敬的女士/先生：

　　您好！

　　这是一份关于信息安全遵从行为的调查问卷。此问卷以开发、管理、使用或维护计算机与网络系统及信息系统的公司经理、内部雇员为调研对象。

　　这是一份不记名的研究问卷。此问卷中的所有问题选项都不涉及商业机密和个人隐私。您填写的全部结果将被严格保密，且仅被用于我们的研究课题。您的填写结果对我们的研究课题是非常重要的。请您根据自己的实际工作情况填写真实的答案。大约需要花费您 30 分钟来完成此问卷。

　　感谢您的支持与合作！

　　第一部分：请首先认真阅读并理解信息系统的定义和每个问卷题目，然后根据您的实际工作情况填写答案。请在每五个空白处中仅选择一处打"√"。"√"越靠近"非常多（高）"表示次数、可能性等越大。请根据今年、去年、前年三个不同年度的实际工作情况给出答案。示例：您所接受过的信息安全培训次数：（今年）非常少：＿＿＿：＿＿＿：＿√＿：＿＿＿非常多；（去年）非常少：＿＿＿：＿＿＿：＿＿＿：＿√＿非常多；（前年）非常少＿√＿：＿＿＿：＿＿＿：＿＿＿：＿＿＿非常多。

　　定义：信息系统是由计算机软硬件、网络通信设备、用户及规章制度组成的以处理数据、信息、知识为目的的人机一体化系统。例如，数据处理系统、管理信息系统、决策支持系统、专家系统及其他的专业信息系统等。

(1) 您接受信息安全培训的次数。

············（今年）非常少：_____：_____：_____：_____非常多

············（去年）非常少：_____：_____：_____：_____非常多

············（前年）非常少：_____：_____：_____：_____非常多

(2) 在使用信息系统时，您主动去检查是否存在未被授权的远程访问节点的次数。

············（今年）非常少：_____：_____：_____：_____非常多

············（去年）非常少：_____：_____：_____：_____非常多

············（前年）非常少：_____：_____：_____：_____非常多

(3) 如果您被所在的部门委派负责信息安全保障任务，那么在上岗前您主动地去学习信息安全知识与技术的可能性。

············（今年）非常小：_____：_____：_____：_____非常大

············（去年）非常小：_____：_____：_____：_____非常大

············（前年）非常小：_____：_____：_____：_____非常大

(4) 由于信息技术逐渐被广泛地使用于各行各业，判断在工作中使用的信息系统（或者应用软件）是否存在安全漏洞（或者脆弱性）的能力显得越来越重要。请分别描述在今年、去年、前年这三个不同时间段内您主动去培养自己的这种能力的可能性。

············（今年）非常低：_____：_____：_____：_____非常高

············（去年）非常低：_____：_____：_____：_____非常高

············（前年）非常低：_____：_____：_____：_____非常高

(5) 假设部门内存有信息安全核查记录的文档，您重视并经常去查阅这些记录文档的可能性。

············（今年）非常低：_____：_____：_____：_____非常高

…………（去年）非常低：_____：_____：_____：_____非常高

…………（前年）非常低：_____：_____：_____：_____非常高

(6) 您对部门内所使用的信息系统安全性的评估结论的关注程度。

…………（今年）非常低：_____：_____：_____：_____非常高

…………（去年）非常低：_____：_____：_____：_____非常高

…………（前年）非常低：_____：_____：_____：_____非常高

(7) 您对工作中所使用的计算机安全软件与硬件进行及时更新的可能性。

…………（今年）非常小：_____：_____：_____：_____非常大

…………（去年）非常小：_____：_____：_____：_____非常大

…………（前年）非常小：_____：_____：_____：_____非常大

(8) 您参与信息安全应急响应测试的次数。

…………（今年）非常少：_____：_____：_____：_____非常多

…………（去年）非常少：_____：_____：_____：_____非常多

…………（前年）非常少：_____：_____：_____：_____非常多

(9) 您与同事们共享信息系统（或者其他软件）的登录密码和用户名次数。

…………（今年）非常少：_____：_____：_____：_____非常多

…………（去年）非常少：_____：_____：_____：_____非常多

…………（前年）非常少：_____：_____：_____：_____非常多

(10) 您及时报告自己所发现的信息安全异常、事故与事件的可能性。

…………（今年）非常低：_____：_____：_____：_____非常高

…………（去年）非常低：_____：_____：_____：_____非常高

…………（前年）非常低：_____：_____：_____：_____非常高

(11) 您严格地按照正式规程对计算机系统（或信息系统）进行周期性维护的次数。

………… （今年）非常少：_____：_____：_____：_____非常多
………… （去年）非常少：_____：_____：_____：_____非常多
………… （前年）非常少：_____：_____：_____：_____非常多

(12) 您在废弃存储介质（如硬盘、U盘等）之前，认真地清理并删除这些介质上的数据的次数。

………… （今年）非常少：_____：_____：_____：_____非常多
………… （去年）非常少：_____：_____：_____：_____非常多
………… （前年）非常少：_____：_____：_____：_____非常多

(13) 有些员工认为没有必要先获得授权再去使用重要的硬件设备。在实际工作中，您没有获得授权就去使用了重要硬件设备的次数。

………… （今年）非常少：_____：_____：_____：_____非常多
………… （去年）非常少：_____：_____：_____：_____非常多
………… （前年）非常少：_____：_____：_____：_____非常多

(14) 在实际工作中，如果严格按照信息安全承诺书上的要求去工作，往往会使人觉得受到某种程度的工作限制。您对签署信息安全承诺书的愿意程度。

………… （今年）非常低：_____：_____：_____：_____非常高
………… （去年）非常低：_____：_____：_____：_____非常高
………… （前年）非常低：_____：_____：_____：_____非常高

(15) 为了工作需要，有些员工将一些数据保存到了自己私有的U盘上并随身携带。您从信息系统中拷贝数据到自己的私有U盘上并随身携带的次数。

………… （今年）非常少：_____：_____：_____：_____非常多

·············（去年）非常少：_____：_____：_____：_____非常多

·············（前年）非常少：_____：_____：_____：_____非常多

（16）在发现系统软件或应用软件中存在的安全漏洞后，您（或者请求专业人员）对其进行及时修复的可能性。

·············（今年）非常低：_____：_____：_____：_____非常高

·············（去年）非常低：_____：_____：_____：_____非常高

·············（前年）非常低：_____：_____：_____：_____非常高

（17）假设要求您拟定一份计算机软硬件或信息系统的采购合同，您认为，在该合同中写入详尽的信息安全条款的必要性。

·············（今年）非常低：_____：_____：_____：_____非常高

·············（去年）非常低：_____：_____：_____：_____非常高

·············（前年）非常低：_____：_____：_____：_____非常高

（18）您对工作时所使用的笔记本电脑等移动设备设置复杂的开机密码的可能性。

·············（今年）非常低：_____：_____：_____：_____非常高

·············（去年）非常低：_____：_____：_____：_____非常高

·············（前年）非常低：_____：_____：_____：_____非常高

（19）您自己主动对操作系统的安全漏洞进行及时修补的次数。

·············（今年）非常少：_____：_____：_____：_____非常多

·············（去年）非常少：_____：_____：_____：_____非常多

·············（前年）非常少：_____：_____：_____：_____非常多

（20）您所在公司或部门安排的信息安全培训次数。

·············（今年）非常少：_____：_____：_____：_____非常多

· 147 ·

············（去年）非常少：_____：_____：_____：_____非常多
············（前年）非常少：_____：_____：_____：_____非常多

(21) 您对公司或部门的信息安全规章制度细节的了解程度。

············（今年）非常低：_____：_____：_____：_____非常高
············（去年）非常低：_____：_____：_____：_____非常高
············（前年）非常低：_____：_____：_____：_____非常高

(22) 您对工作时所使用的笔记本电脑等移动设备不设置开机密码的可能性。

············（今年）非常低：_____：_____：_____：_____非常高
············（去年）非常低：_____：_____：_____：_____非常高
············（前年）非常低：_____：_____：_____：_____非常高

(23) 您没有严格地按照正式规程对计算机系统（或信息系统）进行周期性维护的次数。

············（今年）非常少：_____：_____：_____：_____非常多
············（去年）非常少：_____：_____：_____：_____非常多
············（前年）非常少：_____：_____：_____：_____非常多

(24) 有些员工认为信息系统的使用授权过程比较烦琐。您在获得授权后才将信息系统中数据拷贝到 U 盘上的次数。

············（今年）非常少 ：_____：_____：_____：_____非常多
············（去年）非常少 ：_____：_____：_____：_____非常多
············（前年）非常少 ：_____：_____：_____：_____非常多

(25) 您所在部门的同事们的信息安全行为的整体态势。

············（今年）非常不好：_____：_____：_____：_____非常好

……………（去年）非常不好：_____：_____：_____：_____非常好

……………（前年）非常不好：_____：_____：_____：_____非常好

第二部分：基本信息（请在下列的每题中选择与您的个人信息相匹配的选项，并在其后标记"√"）。

1. 您的性别：

   男□　女□

2. 您的最高学位：

   高中及以下□　中专□　大专□　本科□　硕士□　博士□

3. 您的职位：

   基层员工□　基层管理者□　中层管理者□　高层管理者□

4. 您在本部门的工作年限：

   1年以下□　1~5年□　6~10年□　11~20年□　21年以上□

5. 您所在的部门：

   IT部门□　研发□　财务□　行政□　销售□　采购/物流□

   生产□　其他□

6. 您每天工作中使用部门计算机信息系统的时间：

   不用□　1小时以下□　1~8小时□　8小时以上□

7. 您的工作所属行业：

   IT□　金融/银行□　通信□　制造□　教育□　政府机关□　其他□

8. 您所在部门的人数：

   1~10人□　11~50人□　51~100人□　101~500人□

   500人以上□

9. 您所在部门计算机信息安全制度的实行时间：

   无□　1年以下□　1~5年□　5年以上□

问卷内容到此结束，请您认真检查有无漏答题目。谢谢您的支持与合作！祝您工作顺利、生活幸福、学习进步！

后　　记

可以预见，随着信息科学与技术的迅猛发展，以及人类社会对信息系统的依赖程度的不断增大，为了预防信息安全不遵从行为的出现，并演变为大危机与大灾难，在未来很长一段时期内，信息安全遵从行为的组织管理问题都将是一个值得研究的前沿关键问题。

本书作者期冀自己能够聚焦信息安全遵从行为，继续做出一点点学术贡献，后续的研究工作将围绕如下方面开展。

1）在信息安全遵从行为的管理实践过程中，应用本书所提出的正式控制机制，然后采用后实证主义范式下的管理学问卷调查实证研究方法，在中国针对这些机制进行实证检验和解释。

2）研究信息安全遵从行为的非正式控制机制。

3）研究在线远程工作情境下的信息安全遵从行为的正式及非正式控制机制。

4）信息安全遵从行为进化博弈研究。

5）本书所提出的信息安全遵从伽罗瓦格图仅适用于分析规模较小的雇员群体的遵从模式。当雇员数量和信息安全制度条款的数量很大时，遵从伽罗瓦格图将变得稠密，可视化效果变差。有鉴于此，需要继续探索遵从伽罗瓦格图的局部放大等问题，以期能够实现对信息安全遵从行为大数据的结构化、可视化表征及评估。

6）研究组织内部人员对人工智能系统、大数据系统、物联网系统的恶意及非恶意的滥用行为。

7）对信息安全行为进行个体、群体及组织层面的跨文化的比较和研究。

8）运用创造性的方法对信息安全行为这个复杂的问题进行交叉学科的分析，促进新理论的发展。

王小龙

2020 年 5 月